どう変わったか？
平成の鉄道
記録写真が語る30年の軌跡

松本典久
Matsumoto Norihisa

交通新聞社新書 132

はじめに

「平成」という時代が幕を閉じる。

その30年余という月日のなかで「鉄道」はどのように動いてきたのだろうか——。そんな思いで本書の制作が始まった。

平成の始まりは、日本国有鉄道の分割民営化によってＪＲグループが誕生して間もなくのことだった。発足翌年の昭和63（１９８８）年には青函トンネルと瀬戸大橋が相次いで開通、ＪＲの鉄路は四島すべてがつながり「レールが結ぶ、一本列島。」というキャッチコピーでＰＲされた。国鉄がめざしていた鉄道網がようやくここで整ったのだ。

そして、その翌年の１月８日、時代は昭和から平成へと変わった。

この時代、バブル景気という追い風もあり、ＪＲグループは大きく躍進していく。さらに鉄道技術もさまざまな分野で革新を遂げ、その実用化も進んだ。国鉄時代にあった〝たが〟が外され、鉄道マンたちが長らく胸に温めてきた思いを次々と具現化していったようにも見えた。この勢いはＪＲに留まらず、他の民鉄各社でも同様だった。

平成が始まった時期、社会はどのような状況だったのだろうか。

今、私たちの身近にあり、欠かせないモノの一つとして携帯電話がある。じつはＮＴＴが携帯電話のサービスを開始したのは昭和62（１９８７）年のことだった。しかし、それもそれまでのショルダーホンから少々進歩した程度で、最初の端末重量は約９００グラムもあった。小型軽量化されたムーバの登場は平成３（１９９１）年のことである。

この時代、一般的な携帯端末といえばポケベルで、それも昭和62年からようやく数字送信サービスが追加された状態。文字送信は平成６（１９９４）年からとなる。

また、インターネットも学術研究向けに限られ、一般向けはパソコン通信。それも一部の愛好者による利用に限られていた。

こうした通信技術を振り返ってみても、平成という時代に世の中が激変したことが判る。鉄道もそうした社会のなか、多くの期待や需要に応えるべく、進化していく。

平成という時代の始まりは、鉄道にとっても未来に向かって夢が拓いていく、激動期の幕開けとなったのだ。

鉄道の歩んできた平成の30年間、交通新聞社の貴重な記録写真とともに、その動きをあらためて振り返ってみたい。

どう変わったか？ 平成の鉄道――目次

第1章

究極の鉄道へ。
進化を続ける新幹線

新幹線網の拡大
——整備新幹線の建設とミニ新幹線によるネットワークの形成

●ＪＲ発足時の新幹線ネットワーク

本書のテーマである「平成」をさかのぼってしまうが、昭和62（１９８７）年のＪＲグループ発足時点の新幹線ネットワークはどのような状態だったのだろうか。

北から東北新幹線（上野～盛岡間）・上越新幹線（大宮～新潟間）、東海道新幹線（東京～新大阪間）、山陽新幹線（新大阪～博多間）があり、それぞれＪＲ東日本、ＪＲ東海、ＪＲ西日本による運営となっていた。

この時代、新幹線の施設は「新幹線鉄道保有機構」（以下、保有機構）という法人が一括して所有、ＪＲ東日本、ＪＲ東海、ＪＲ西日本の各社にリースする形になっている。これは国鉄の分割民営化時、経営基盤の均衡をはかるなどの目的で考えられた方法だ。ただし、保有機構はリース料を受け取るものの、保有する設備の維持や更新は運営するＪＲ各社の負担で行なうというルールになっていた。

これは「新幹線鉄道保有機構法」という法律に定められたものだったが、ＪＲ各社にとっては減価償却という処置もとれぬままリース料を払い続けねばならず、いささか不備のある方法だった。そこで平成３（１９９１）年４月26日に新幹線鉄道保有機構法を廃止、新幹線の設備は同年10月１日に保有機構からＪＲ各社の所有に変わっている。

●東北・上越新幹線の東京駅乗り入れ

新幹線設備のリース呪縛が解けた平成３（１９９１）年の６月20日、東北新幹線東京～上野間が開業、東北・上越新幹線が東京駅から発着するようになった。

東北新幹線は、もともと東京駅を起点として計画されていたが、国鉄時代は用地買収などの遅れにより大宮駅発着で暫定開業、国鉄末期にようやく上野駅まで延伸してきたのである。東京駅に向かう工事も進められており、国鉄の民営化時は保有機構がこれを引き継ぎ、ＪＲ東日本に委託する形で工事継続となった。上野～東京間はわずか3・6キロではあるが、さまざまな構造物に囲まれたところを地下から高架に立ち上げるという困難な工事で、工期は10年近くかかってしまったのだ。

この東京駅開業時、東北新幹線に利用できる用地は少なく、なんと12・13番ホームの１

東北新幹線八戸延伸前、盛岡駅からは東北本線の特急「はつかり」などが連絡していた。列車の奥に建設中の新幹線高架線が見える（平成13年）

平成28年3月26日、北海道新幹線が新函館北斗駅まで開業した。当日は多くの人が見守るなか、開業式典も実施された

東北新幹線東京～上野間の工事風景。この区間は既存構造物が多く、建設は難航した（平成2年）

平成3年6月20日、東北新幹線が東京駅まで開通した。一部の200系には記念ヘッドマークも掲示

新函館北斗～木古内間を走るH5系。H5系は、東北新幹線と相互直通運転を行なうため、JR北海道がE5系に準じて製造投入した

平成22年12月4日、東北新幹線が新青森駅まで全通。当日はE2系「はやて」で出発式を開催

面2線というものだった。そのため、乗り入れは定期列車中心として臨時列車は上野発着でしのいだ。また「コメットクラブ」という若い女性を中心にした車内清掃チームの投入でも話題を呼んだが、じつは東京駅折り返し時間を短縮するための工夫でもあった。

東北新幹線と東海道新幹線は、同じ軌間ながら電気方式や信号方式が異なり、直通運転は行なわれなかったが、この東京駅延伸で日本国内を結ぶ新幹線網の起点が一元化され、利便性が大きく高まったのである。

●東北新幹線の全通

ＪＲ発足時、東北新幹線の終点は盛岡駅となっていたが、盛岡以北は整備新幹線に指定されており、平成14（２００２）年12月1日に盛岡〜八戸間、平成22（２０１０）年12月4日に八戸〜新青森間が開業して全通を果たしている。なお、八戸〜新青森間ではミニ新幹線方式も検討されたが、最終的にフル規格となっている。

●青函トンネルを抜ける北海道新幹線

北海道新幹線は青森〜札幌間で計画されている整備新幹線だ。管轄はＪＲ北海道。函館

〜札幌間のルート決定などに時間を要し、平成17（２００５）年5月に新青森〜新函館（当時の仮称。現新函館北斗）間で着工した。

本州と北海道の連絡は、昭和63（１９８８）年3月13日に開業した青函トンネルを使用する。当初在来線となる海峡線の運行に使われたが、建設時から新幹線運行を考慮した構造になっていた。新幹線開業で在来線旅客列車の運行は基本的になくなるが、貨物列車は継続して運行されることになり、青函トンネルおよび前後区間では新幹線と在来線の双方が運行できる3線軌条となっている。この貨物列車の運行をめぐってもいろいろな方式が検討されていた。

北海道新幹線建設工事の標識。数字は新青森起点28km709mと読め、新中小国信号場付近だ

平成28（２０１６）年3月26日、新青森〜新函館北斗間で先行開業。大半の列車は東北新幹線と直通運転、相互乗り入れの形で東京〜新函館北斗間を結んでいる。

新函館北斗駅から先の工事も進められており、倶知安《くっちゃん》、小樽などを経由して２０３１年春には札幌駅まで全通する予定だ。

山形新幹線は平成11年12月4日、新庄駅まで延伸開業。この時、新たにE3系も導入

初めて実用化される「ミニ新幹線」となった山形新幹線では400系試作編成でテストを繰り返した（平成2年）

平成9年3月22日、秋田新幹線が開業。ここでは新たにE3系を開発、「こまち」として運転を開始

平成25年3月16日、秋田新幹線にE6系が導入され「スーパーこまち」として運転を開始した

山形新幹線の400系は東北新幹線内で200系と併結運転。その試運転の様子（平成3年）

E6系増備が進み、平成26年3月15日から全列車を「こまち」に統一。東北新幹線区間では320km/h運転も開始

●山形・秋田新幹線の開業

新幹線設備はJR各社の所有となったが、新たな新幹線に対しては各社が勝手に建設できるようになったわけでない。新幹線の建設は、昭和45（1970）年に施行された「全国新幹線鉄道整備法」によって定められ、まずこの基本計画に載らねばならない。その上で基本計画、整備計画、工事実施計画など認可を受け、着工できるのだ。計画路線は数次にわたって告示され、現在は北海道から九州まで18路線を数える。なかでも特に重要と判断され、昭和48（1973）年までに整備計画が定められた北海道新幹線、北陸新幹線、九州新幹線など5路線は「整備5線」または「整備新幹線」などと呼ばれている。

つまり、新幹線の建設はハードルが高く、おいそれとできるものではないのだ。

一方、利用者にとって新幹線は利便性の高い高速列車であり、整備新幹線などとは関係なく建設の要望が出てくる。そこで生まれたアイディアが新在直通運転だ。新幹線と在来線を直通運転することで乗り換え時間などが削減され、所要時間短縮につながるという考えである。在来線として運行するため、全国新幹線鉄道整備法による縛りもない。

ただし、線路の軌間は新幹線が1435ミリ、在来線が1067ミリでそのままでは直通運転できない。そこで在来線の軌間を1435ミリに改軌して対応する方法が考えられた。在来線の改軌工事が必要だが、トンネルなどの構造物もそのまま活用できるため、新幹線を建設するより工期は短く、工事費も格段にリーズナブルだ。この方式は「ミニ新幹線」として専用車両の開発も進められていく。

こうして平成４（１９９２）年7月1日、最初のミニ新幹線としてＪＲ東日本の山形新幹線が開業した。奥羽本線の福島～山形間を改軌、ここに東北新幹線から専用の４００系電車による「つばさ」を直通運転させるものだ。「新幹線」と呼ばれているが、これは運行上の愛称のようなもので法規的には在来線だ。在来線区間の最高速度は時速１３０キロに抑えられているが、乗り換えがなくなったために時間短縮も実現している。

山形新幹線の成功により、平成9（１９９7）年3月22日には秋田新幹線（田沢湖線および奥羽本線の盛岡～秋田間を改軌）も開業、さらに平成11（１９９９）年12月４日には山形新幹線が新庄駅まで延伸している。

秋田新幹線に向けた奥羽本線3線軌条化工事現場のわきを走る特急「たざわ」（平成6年）

北陸新幹線の建設工事風景。写真は上越新幹線からの分岐点付近で、200系が通過していく（平成6年）

軽井沢駅付近では北陸新幹線が信越本線と並行。新幹線開業後、信越本線はしなの鉄道に転換（平成8年）

東金沢駅付近で工事中の北陸新幹線。新幹線開業後、この区間の北陸本線はIRいしかわ鉄道に転換（平成13年）

平成27年3月14日、北陸新幹線は金沢駅まで開業した

北陸新幹線延伸開業に向けてE7系（写真）とW7系が開発された

●長野行新幹線から北陸新幹線へ

国鉄再建のからみでストップしていた整備新幹線の建設も「平成」に入ったところで始まった。最初に着手されたのは北陸新幹線の高崎～軽井沢間で平成元（１９８９）年６月に工事実施計画が認可され、同年８月に着工している。

軽井沢駅から先の区間はミニ新幹線方式も検討されたが、最終的にフル規格とされた。さらに平成10（１９９８）年２月に長野オリンピックの開催も決まり、高崎～長野間で先行開業することになった。

こうして長野オリンピックを目前にした平成９（１９９７）年10月１日に北陸新幹線の高崎～長野間が開業した。法律に定められた正式名称は「北陸新幹線」だったが、この時点では北陸まで到達していないので、誤解を招かぬように「長野行新幹線」と呼んだ。始めは「行」の文字まで添えて控え目だったが、いつしか「長野新幹線」で定着している。

その後、延伸工事が続けられ、平成27（２０１５）年３月14日には長野～金沢間が開業、この時から晴れて「北陸新幹線」を名のるようになった。この区間の工事も最初からフル規格とされたわけではなく、一部は新幹線鉄道規格による新線（スーパー特急方式）で認可を得て、フル規格に変更するなど紆余曲折があった。現在、金沢駅以西の建設も進められているが、これは「平成」の次の時代に夢をつなぐことになった。

●九州新幹線鹿児島ルートの完成

九州では博多駅を中心とした九州新幹線（鹿児島ルート）、同（長崎ルート）が整備新幹線となっている。九州新幹線はJR九州の管轄とされ、北陸新幹線同様、平成元（1989）年8月に鹿児島ルートから着工している。鹿児島ルートではスーパー特急方式が検討されたが、最終的に全区間フル規格とされている。

平成16（2004）年3月13日、新八代～鹿児島中央間で先行開業した。このとき、新八代駅までは在来線の特急「リレーつばめ」が連絡、同駅では同一ホームでの乗り継ぎを行ない、利便性が評価された。平成23（2011）年3月12日には博多～新八代間も開業して九州新幹線（鹿児島ルート）が全通している。

長崎ルート（平成17年に西九州ルートと改称）は鹿児島ルートの新鳥栖駅で分岐、長崎駅をめざすものだ。平成20（2008）4月に武雄温泉～諫早間で着工、平成24（2012）年6月には諫早～長崎間も着工した。ここにはフリーゲージトレインの活用も検討されたが、見送られている。2022年度には工事竣工区間で暫定開業する予定だ。

九州新幹線の先行開業に向けて開発された800系。全通までは全列車が「つばめ」として運転された

建設工事中の九州新幹線。左側の鹿児島本線は新幹線開業後、肥薩おれんじ鉄道に転換された（平成14年）

平成16年3月13日、九州新幹線新八代～鹿児島中央間が先行開業。新八代駅では特急「リレーつばめ」と同一ホームで乗り換え

九州新幹線（鹿児島ルート）の終点、鹿児島中央駅。背後に桜島がそびえる

平成23年3月12日、博多～新八代間が開通して九州新幹線（鹿児島ルート）は全通となった

東海道・山陽新幹線の進化
——300系の登場から次世代電車のN700Sまで

●100系から「スーパーひかり」へ

東海道・山陽新幹線では、開業以来0系をマイナーチェンジしながら活用していたが、国鉄晩年にフルモデルチェンジとした100系を開発、昭和60(1985)年には先行試作編成による営業運転も開始した。新幹線初の2階建て車両も組み込まれ、好評の元に量産化に入った。国鉄時代には試作編成も含めて16両編成(X編成)7本が揃い、民営化時は全車両がJR東海へと引き継がれている。

100系は0系より多少スピードアップされ最高時速220キロ(0系も100系登場後、時速210キロから時速220キロにアップ)となっていたが、国鉄ではさらにその先もめざす「スーパーひかり」という新たな車両も計画していた。この開発もJRに引き継がれ、昭和62(1987)年には東京駅にてJR東海が製作した実物大モックアップが展示された。このモックアップはその後、各地で展示されたが、平成元(1989)年に静岡市で開催された「ＳＵＮＰＵ博'89」での展示を最後に解体されてしまった。

●平成時代に量産された１００系Ｇ編成・Ｖ編成

１００系は、０系に替わる東海道・山陽新幹線の標準車両という位置付けで、ＪＲ東海とＪＲ西日本でも製造された。ただし、両社は使い勝手などを考慮してオリジナリティーを盛り込み、ＪＲ東海車両をＧ編成（国鉄製造の１００系に対し１００ダッシュ系とも呼ばれた）、ＪＲ西日本車両をＶ編成（同様に１００Ｎ系とも呼ばれた）と区分けている。

Ｇ編成はＸ編成同様２階建て車両を２両組み込んでいるが、その内容が変更されている。Ｘ編成は食堂車・グリーン車１両ずつとしていたが、Ｇ編成は食堂車をやめ、この車両は２階をグリーン席、１階をカフェテリアとしている。Ｇ編成は平成４（１９９２）年まで16両編成50本、計８００両が製造されている。

Ｖ編成は２階建て車両を４両組み込み、食堂車を継続し

東京駅に展示された「スーパーひかり」の実物大模型。100系よりシャープな印象（昭和62年）

100系のX編成およびV編成（写真）には食堂車も用意されていた

JR東海で量産された100系G編成。2階建て車両が2両組み込まれている

「のぞみ」として運転を開始した300系。最高270km/h運転を実現、超高速時代の幕開けとなった

300系、100系、0系と歴代の東海道・山陽新幹線車両が活躍していた時代もあった（平成4年）

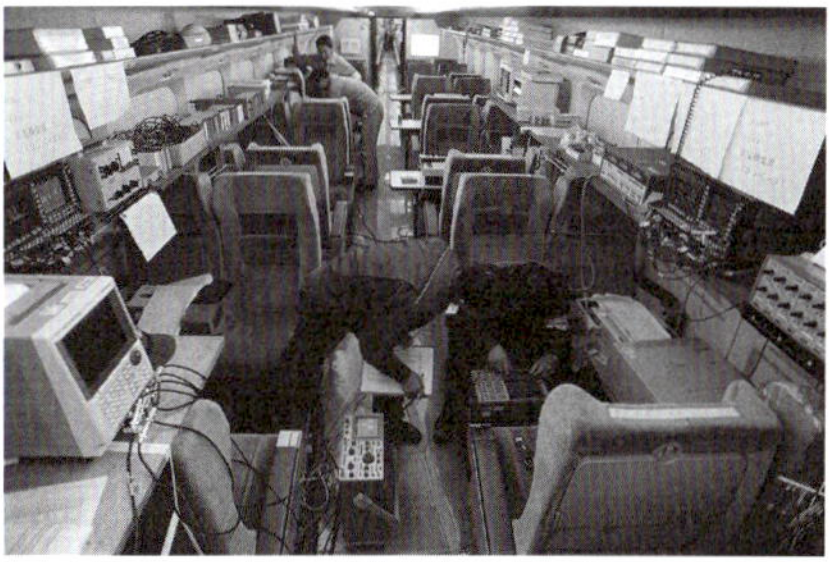

300系導入前、先行試作車で行なわれた走行試験。さまざまな計測機器が並んでいる（平成2年）

「グランドひかり」として運転された100系V編成。2階建て車両を4両組み込んでいるのが大きな特徴だ

た。残りの3両は2階をグリーン席、1階を普通席としている。また、将来的なスピードアップをめざして時速270キロ運転も可能な構造とされたが、これは山陽新幹線内での時速230キロ運転に留まっている。V編成は平成3（1991）年まで16両編成9本、計144両が製造された。編成が特殊なことなどから「グランドひかり」として差別化がはかられたこともある。

100系は老朽化した0系を置き換えながら東海道・山陽新幹線で活躍、平成初期のスターといえる存在だった。ただし、後継車の登場によって東海道新幹線からは平成15（2003）年で引退、山陽新幹線では「こだま」専用に短編成化なども施されて運転されていたが、平成24（2012）年に引退している。

●超高速時代の幕開けとなった300系「のぞみ」

先述の「スーパーひかり」はJR東海によって300系として誕生した。高速化に向けて車体を軽量化、車体は新幹線初のアルミ押出成形、台車は新幹線初のボルスタレス構造としている。さらに出力アップや省メンテナンスという観点から新幹線初のVVVFインバータ制御＋交流誘導電動機と当時の最新技術を盛り込んだ車両となっている。

平成2（1990）年に先行試作車が完成、綿密な試験走行を行なった後、平成4（1992）年3月14日から東海道新幹線で列車名も新たに「のぞみ」として営業運転を開始した。最高速度は時速270キロとなっていたが、東京〜新大阪間を2時間30分で結ぶため、一部列車は名古屋駅や京都駅を通過するといった割り切りも見せ、大きな話題となった。

当初は1日2往復の限定的な運転だったが、翌年には山陽新幹線にも足をのばし、毎時1本という運転になった。このとき、東京〜博多間の所要時間は5時間4分だった。

300系はJR東海によって開発された車両だが、JR西日本でも製造され、平成10（1998）年までに合わせて16両編成70本、計1120両が量産されている。

300系は「のぞみ」中心に運転されたが、増備が進むと「ひかり」にも進出。後継車両の登場により晩年は「こだま」での使用が増え、平成24（2012）年に東海道・山陽新幹線から引退している。なお、100系などで行なわれた短編成化は行なわれなかった。

●超高速運転をめざした試験車両　WIN350と300X

JR東海による300系先行試作車の試運転が始まった年、JR西日本も新幹線高速化

超高速運転をめざして開発されたJR西日本のWIN350試験電車

WIN350の屋根上にある巨大な箱は集電装置の騒音を減らす工夫だった

JR東海は超高速運転をめざして300Xを開発した。先頭車両は2種の形状が用意され、環境性能を比較した（平成8年）

300Xの先頭形状は新大阪側（写真上）がカスプ型、東京側（写真下）はラウンドウェッジ型

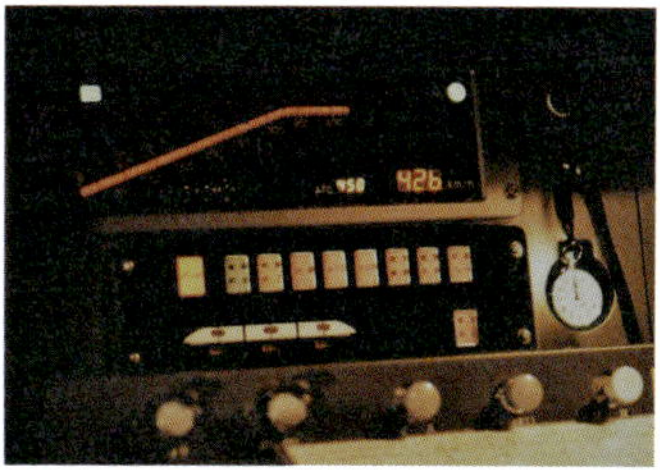

300Xの運転台速度計。平成8年に速度向上試験を行ない、写真は426km/hを記録した時のもの。同年7月26日に443.0km/hを達成

をめざす新たなプロジェクトを立ち上げている。ＪＲ西日本の運営する山陽新幹線は航空路線や高速バスとの競合が激しく、シェア拡大には高速化が必須と考えられた。そのため、高速運転の実用化に向けた試験車両を製作、技術的検討を行なうことになった。

こうして開発されたのが５００系９００番代だ。５００系を名のるが、あくまでも技術的検討に特化した設計で６両編成を組む。先頭車両は比較検討のため、両側で形状が異なっている。目標速度は時速３５０キロとされ、「ＷＩＮ３５０」（West Japan Railway's Innovation for the operation at 350km/h）という愛称も掲げられている。

平成４（１９９２）年に完成、同年６月から平成７（１９９５）年にかけてさまざまな試験を行なった。高速走行試験では平成４年８月８日に山陽新幹線小郡（現新山口）～新下関間で当時国内最高の時速３５０・４キロを記録している。試験終了後、廃車となったが、先頭車両だけは鉄道総合技術研究所（米原）とＪＲ西日本の博多総合車両所に保存（通常非公開）されている。

また、ＪＲ東海は３００系先行試作車による試運転を重ねるなか、ポスト３００系となる次の車両開発を進めた。ここでも試験車両による技術的検討が望ましいと判断され、平成７（１９９５）年に「３００Ｘ」の愛称で呼ばれる９５５形が完成した。やはり６両編成で、先頭車両は両側で形状が異なる。

平成14（2002）年に廃車されるまでさまざまな実験が繰り返されている。高速走行試験では平成8（1996）年7月26日に東海道新幹線米原～京都間で国内最高（超電導リニアを除く）の時速443・0キロを記録している。

●日本初の時速300キロ運転を実現した500系

JR西日本の「WIN350」こと500系900番代で得られた知見により、500系量産車が誕生した。外観ではぐんと突き出した先頭形状が印象的だが、これは先頭車両の半分以上となる約15メートルにおよぶ傾斜となっている。さらに車体断面も円形に近く、断面積では300系よりも約10％も小さく、スリムな車両だ。このほか、翼型となったパンタグラフも例を見ないものだった。これらは走行時の空気抵抗や空気騒音を減らす対策で、山陽新幹線はトンネル区間が多く、こうした工夫が欠かせなかったのである。

500系は、平成9（1997）年3月22日から山陽新幹線新大阪～博多間「のぞみ」として運行を開始。この時点では1編成しかなかったため、定期1往復、臨時1往復とされたが、最高時速300キロ運転を実施、新大阪～博多間は2時間17分で結んだ。その後、

500系は「のぞみ」としてデビュー、山陽新幹線で300㎞/h運転も実施した

500系のグリーン車（左）と普通車。曲面となった壁に特異な断面が分かる

500系は平成9年11月29日から東海道新幹線にも足を延ばし、東京～博多間を最短4時間59分で結んだ

平成9年3月22日、500系は山陽新幹線「のぞみ」として運転を開始。当時の表定速度などは世界一の速さだった

全車両JR西日本所属として16両編成9本、計144両がつくられ、同年11月29日からは東海道新幹線にも直通、東京〜博多間を最短4時間59分で結んでいる。なお、東海道新幹線区間では線形の制約があり、最高時速270キロとなっている。

平成19(2007)年、最高時速300キロ運転の性能を持つN700系が登場すると、500系の置き換えが始まり、平成22(2010)年2月には500系による定期「のぞみ」の運転が終了した。並行して500系の8両編成化も実施されて山陽新幹線区間の「こだま」として運転されるようになった。

●700系と「ひかりレールスター」

東海道・山陽新幹線で活躍するJR型車両として300系と500系がデビューしたが、引き続き新たな車両開発が始まった。それは汎用性の高い300系の後継となるもので、その投入によって性能的に劣る0系や100系を置き換え、全体的な高速化をはかるという目論見があった。300系と500系は、それぞれJR東海とJR西日本の独自開発によるものだったが、この車両は両社の共同開発とされている。

この新型車両には300系と500系の運用経験と300Xによって得られた知見が盛

り込まれ、平成9（1997）年に700系として量産先行車が完成した。座席数は編成交換を配慮して300系と同様に設計されたが、居住性や乗り心地が大きく改善されている。また、省エネも進められ、時速270キロ走行時で300系より1割近い高効率化を達成した。一方、高速性能は東海道新幹線では時速270キロ、山陽新幹線では時速285キロとなった。時速300キロ運転を実現するには環境対策などのコストがかかり、車両価格を300系と同等に抑えるという選択のなかからバランスをとったとされている。

700系は、量産先行車による性能試験や長期耐久試験を重ねたのちに量産化され、平成11（1999）年3月13日から営業運転に入っている。700系は300系同様16両編成となっていたが、JR西日本では山陽新幹線向けに8両編成で内装なども改めた700系7000番代も製造、これは平成12（2000）年3月11日から「ひかりレールスター」として運転を開始した。こうして16両編成75本、8両編成16本、計1328両が製造されている。

700系は当初「のぞみ」「ひかり」「ひかりレールスター」を中心に運転されたが、後継車の登場により現在は「こだま」が中心となり廃車車両も出ている。

平成11年3月13日に東海道・山陽新幹線にデビューした700系

山陽新幹線では「ひかりレールスター」として8両編成の700系も活躍

平成15年の品川駅開業で「AMBITIOUS JAPAN!」キャンペーンも実施

700系をベースにした新幹線電気軌道総合試験車「ドクターイエロー」も誕生

●N700系からN700Aへ

700系が営業運転を始めると、これを基本としてさらなる高速性・快適性・環境性能向上などをめざす車両開発が始まった。これもJR東海とJR西日本の共同開発による。

東海道新幹線はもともと時速250キロぐらいの運転を目標として設計・敷設されていたため、最小曲線は半径2500メートル（山陽新幹線は半径4000メートル）となっている。最高時速270キロ運転といっても、ここでは速度を落とさねばならない。したがって、東海道新幹線ではこの速度減少を少しでも抑え、加減速運転を減らすことが所要時間短縮につながるのだ。そこで車体傾斜システムを使用することで速度減少を抑え、東海道新幹線の約3分の2以上の区間で時速270キロ運転ができるように工夫された。

こうして生まれたのがN700系で、平成17（2005）年に量産先行車が完成、性能・耐久試験を重ねたのちに量産化され、平成19（2007）年7月1日から「のぞみ」として営業運転に入った。これにより東京～新大阪間は最短で2時間25分と5分間短縮した。

また、平成23（2011）年3月の九州新幹線（鹿児島ルート）開業時は山陽新幹線との直通運転が計画され、これに向けてJR西日本とJR九州の共同で専用8両編成とした7000番代（JR西日本）・8000番代（JR九州）がつくられている。

さらにＪＲ東海は平成24（２０１２）年からＮ７００系量産車を改良型の１０００番代とし、Ｎ７００Ａ（「Ａ」は「進歩」を意味するAdvancedの頭文字）とした。外観はほぼ同じだが、安全性・定時制・環境性能・乗り心地などが改善されている。また、Ｎ７００Ａでは東海道新幹線での最高時速２８５キロ運転も可能で、平成27（２０１５）年３月14日から一部「のぞみ」で実施、東京～新大阪間は最短２時間22分としている。

その後、16両編成のＮ７００系はＮ７００Ａに準じた改良を加えて性能を揃えた。こうして平成最後のダイヤ改正となる平成31（２０１９）年３月16日改正では東海道新幹線で最高時速２８５キロ運転をする「のぞみ」を毎時１本と大幅に増やしている。

●平成の明日をめざすＮ７００Ｓ

平成最後のニュースとなったのはＪＲ東海がＮ７００系の後継として開発を進めていたＮ７００Ｓ（「Ｓ」は「最高の」を意味するSupremeの頭文字）の登場だ。平成30（２０１８）年に確認試験車が完成、同年３月20日から走行試験を実施している。

Ｎ７００Ｓは駆動システムや制御システムの小型高性能化を実現、さらに環境性能も向上している。ＪＲ東海は２０２０年度の実用化をめざし、ＪＲ西日本も採用の予定だ。

平成24年8月以降に竣工したN700系は改良版の「N700A」となった

N700系は山陽・九州新幹線直通運転向けに8両編成も開発された

平成27年3月14日に東京駅で行なわれた東海道新幹線最高時速285km出発式

次世代をめざすN700Sは平成30年から走行試験を実施中だ

東北・上越新幹線などの進化

——試作車の高速度試験によって実現した320キロ運転

●国鉄型200系の進化

国鉄の分割民営化でJR東日本が引き継いだ東北・上越新幹線は、開業が昭和57(1982)年と経年が少なかったこともあり、開業時に導入された200系で運転されていた。ただし、国鉄晩年の増備車から最高時速が210キロから240キロにアップ、在来車の一部も240キロ対応に改造。さらに昭和62(1987)年からは、先頭車両スタイルを丸みをおびたオリジナルのものから、東海道・山陽新幹線に導入された100系に類似したものにマイナーチェンジも行なわれていた。

平成時代の話題となったのは、まず平成2(1990)年3月10日から始まった上越新幹線の最高時速275キロ運転だ。これはATC車内信号による制限速度を修正、上毛高原〜越後湯沢間にある大清水トンネル内の下り勾配で加速するというものだった。一部の下り「あさひ」に限定された運転だったが、山陽新幹線で500系「のぞみ」の運転が始まるまで日本最高速列車となっている。この２００系「あさひ」による時速２７５キロ運転は平成11（１９９９）年12月まで続けられている。

また、平成２（１９９０）年には２００系の２階建て車両も登場した。当初は2階がグリーン席、1階がグリーンおよび普通の個室となった２４９形がデビュー。これは同年6月23日から東北新幹線「やまびこ」に組み込み、13両編成で運転を開始した。翌平成３（１９９１）年には2階がグリーン席、1階がカフェテリアとなった２４８形もデビューし、同年3月8日から2階建て車両を2両組み込んで16両編成とした「やまびこ」も運転を開始している。

100系に似た先頭形状の200系も登場

これは同年6月20日に始まる東北新幹線の東京駅乗り入れに向けたフラッグシップにもなっており、通称「スーパーやまびこ」と呼ばれた停車駅の少ない列車に充当されている。さらにこの東京駅乗り入れ日からはグリーン車に「ソワニエ」と呼ばれる女性アテンダントも乗務するようになった。

その後、２００系は運転室まわりまで修正する大規模なリニューアルも施されたが、後継車両の導入により平成23

200系2階建て車両（249形）の1階部にはグループ利用などを考慮した普通車個室も設置された

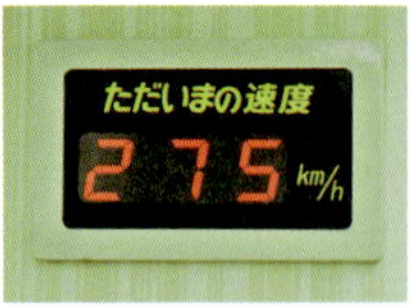

平成2年3月10日から上越新幹線では275km/h運転を開始。当時、200系のビュフェに設置されていた速度計でこの速度を実感することができた

200系2階建て車両（248形）。この車両は2階がグリーン席、1階はカフェテリア（写真下）となっていた

平成3年3月8日から東北新幹線に2階建て車両2両を組み込んだ16両編成の200系も登場。この列車は「スーパーやまびこ」の通称で呼ばれた

200系2階建て車両（248形）の1階に設置されたカフェテリア。中央に巨大なショーケースが設置され弁当や土産も扱った

（2011）年11月には東北新幹線大宮以北で定期運転終了、2年後の平成25（2013）年3月15日には上越新幹線でも定期運転が終了となった。その後、東北・上越新幹線で引退記念列車として運行、それを最後に同年4月末に引退している。

●〝ミニ新幹線〟向け400系とE3系

200系2階建て車両が登場した平成2（1990）年、400系の試作編成も誕生している。JR東日本では在来線の線路幅を1067ミリから新幹線と同じ1435ミリに改軌して、新幹線と直通運転させる〝ミニ新幹線〟を企画、奥羽本線福島～山形間で昭和63（1988）年から工事に取り掛かっていた。ミニ新幹線ではトンネルなどの設備を活用するため、車体は在来線規格。一方、走行システムは新幹線に対応し、さらに電気・信号などは双方に対応するものとしなければいけない。

こうして開発された400系試作編成は、ミニ新幹線として本来の性能確認後、上越新幹線で速度向上試験も行なっている。平成3（1991）年9月19日には越後湯沢～浦佐間で時速345・8キロを記録、当時の日本最高記録を樹立している。

奥羽本線福島～山形間は平成4（1992）年7月1日に山形新幹線として開業、

400系は「つばさ」として東京〜山形間で運転を開始した。また、平成9（1997）年3月には秋田新幹線も開業、新たにE3系が開発導入された。その後、山形新幹線は新庄延伸で車両を増備したが、これもE3系となった。400系は平成22（2010）年で引退。

●高速試験用新幹線電車「STAR21」

JR東日本は400系で高速試験を行なったが、これは車体の小ぶりなミニ新幹線車両であり、通常の新幹線車両開発に向けた知見を得るべく952形・953形という高速試験用の電車も製作している。これは平成4（1992）年に完成、愛称は21世紀に向けた車両として「STAR21」(Superior Train for Advanced Railway toward the 21st century)と命名された。9両編成となるものだが、東京方は一般的な車体1つに台車2組という952形、下り方は車体間に台車を備えた連接構造の953形となっている。また、先頭車両の形状も比較のため異なり、車体構造も3種類作り分けられている。

同年3月27日から試験運転を開始、新幹線の基礎技術収集に対するさまざまな実験が行なわれている。なお、平成5（1993）年には速度向上試験も行なわれ、同年12月21日に上越新幹線燕三条駅付近で最高時速425キロを記録、JR西日本のWIN350の持

山形新幹線向けに開発された400系は、平成3年に上越新幹線で速度向上試験も実施、345.8㎞/hを樹立

速度向上試験中の400系車内。座席の一部は取り外され、さまざまな計測機器が持ち込まれた（平成3年）

平成9年の秋田新幹線開業で投入されたE3系。山形新幹線新庄延伸時には同線にも投入された

「STAR21」では高速運転時の騒音や振動などの軽減に向けた試験を実施

平成4年には高速試験用の「STAR21」も製造。写真は盛岡側先頭車の953形

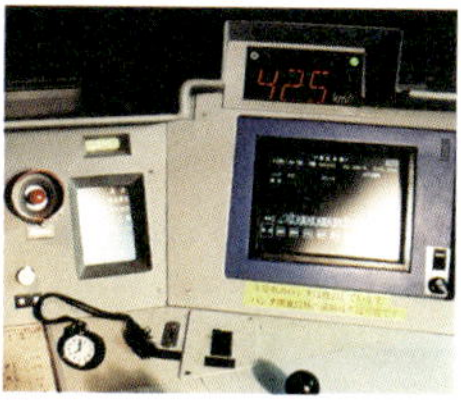

「STAR21」では速度向上試験も実施、平成5年には上越新幹線で425km/hを記録している

つ時速350・4キロを超えて当時の日本最高記録となった。
こうして所定の成果をあげ、平成10（1998）年には廃車となっている。

●オール2階建て新幹線E1系とE4系

昭和末期から平成3（1991）年にかけて日本は「バブル景気」と呼ばれる好景気にあった。これにより都市部の不動産は高騰、ベッドタウンは郊外へと拡大していく。その結果、遠距離通勤が増え、新幹線を選ぶ人も増えていった。国鉄時代、すでに新幹線用の定期券「FREX（フレックス）」が設定されていたが、この時期に急増したのは、昭和64（1989）年1月1日から通勤手当の非課税限度額が引き上げられたことも背景にあった。かくして「新幹線通勤」という言葉も一般に認知されるような状態になった。

一方、新幹線通勤が常態化してくるとその混雑度も激しくなった。輸送力を増やすには増発といった手段もあるが、この時代の東京駅ではJR東日本の新幹線ホームは1面2線しかなく、増発には限界があったのである。そのため、オール2階建て車両により1列車の定員を増やすアイディアが生まれ、平成6（1994）年に「Max」ことE1系として完成した。設計段階では600系とされていたが、JR東日本の新たな車両形式基準を使う最初の新幹線車両となった。

Ｅ１系は車内を２階建てにすることで床面積を拡げて座席数を増やすだけでなく、普通車自由席として使われる１～４号車の２階席は３＋３列と１列増やしている。さらに一部の車両ではデッキ部に補助席としてジャンプシートも備えた。また、折り返し時間を短縮するため、シートの向きは電動で一斉転換できる構造となっている。12両編成を組み、座席定員（補助席は含まず）は合計で１２３５名、最高速度は時速２４０キロとなっている。

Ｅ１系は同年７月15日から営業運転を開始、輸送力増強に大きな効果を上げたが、12両固定編成で輸送需要に対する柔軟性がないため、６編成72両がつくられたところで改良型のＥ４系が開発された。これは８両編成で分割併合ができるだけでなく、車内の構造も改良され、２編成連結の16両では１６３４名もの座席定員となった。平成９（１９９７）年12月20日から投入を開始、最終的には26編成２０８両が製造されている。

Ｅ１系、Ｅ４系は首都圏のみならず、東北新幹線盛岡以南、そして上越新幹線などでも活躍したが、平成24（２０１２）年９月でＥ１系の定期運用が終了となり、Ｅ４系も同時に東北新幹線大宮以北から引退、東京～大宮間を含む上越新幹線専用となっている。さらにＥ４系も徐々に引退、平成31（２０１９）年３月改正から上越新幹線にＥ７系が順次導

輸送力を増やすため、2階建て新幹線も誕生。E4系は連結運転も可能だ

一部の2階席では座席を3列+3列に配置、より多くの乗客が座われるように工夫されている

デッキから上下の客室にはらせん階段などで移動する

平成6年に登場した初のオール2階建て新幹線E1系。
12両編成を組み、座席定員は1,235名を確保した

登場時のE1系はダブルデッカー新幹線として「DDS」のマークが付いたが、ほどなく「Max」の愛称に変更

平成13年、秋田新幹線向けに開発されたE3系をベースに新幹線電気・軌道総合検測車E926形「East i」も誕生した

入されたこともあり、2020年度末までに全車引退となる見込みだ。「新幹線通勤」の切り札として誕生したMaxも東京駅の改良が進んだことで増発の余地も生まれ、新幹線の全体的な高速化のもとに使命を終えようとしている。

●JR東日本の標準型新幹線車両　E2系

国鉄型200系に替わるJR東日本の標準型新幹線車両として開発されたのがE2系だ。既存の東北・上越新幹線はもとより、さらに平成9（1997）年に長野まで開業する北陸新幹線（当時は長野行新幹線、さらに長野新幹線と呼ばれた）での使用も考慮された汎用性の高い設計となっている。この北陸新幹線では電力周波数が途中で50ヘルツから60ヘルツに変わる。さらに高崎～軽井沢間には30‰におよぶ急勾配が連続しており、これに対応する登坂力やブレーキの性能も求められたのだ。

平成9（1997）年3月22日、東北新幹線「やまびこ」で運転を開始、同年10月1日に開業した長野新幹線では「あさま」として使用されるようになった。当初は共に8両編成だったが、東北新幹線用は平成14（2002）年の八戸延伸に向けて10両化、合わせて502両の陣容となっている。この10両編成はグリーン車にフルアクティブサスペンション、普通車にもセミアクティブサスペンションを採用、乗り心地を大きく改善。これがその後の新幹線車両の標準となっていく。

Ｅ２系は東北新幹線で最高時速２７５キロ運転を実施したが、ＪＲ東日本では平成14（２００２）年４月に「世界一の新幹線」に向けてさらなる高速化をめざすプロジェクトを立ち上げ、平成15（２００３）年にはＥ２系を使った高速試験も実施している。その際、同年４月６日には上越新幹線で最高時速３６２キロを記録している。

こうしてＥ２系は東北・上越・長野各新幹線で活躍してきたが、長野新幹線「あさま」編成は金沢延伸で北陸新幹線となった２年後の平成29（２０１７）年３月、Ｅ７系に置き換えられる形で引退している。

●時速３６０キロ運転をめざす試験車「ＦＡＳＴＥＣＨ ３６０」

先述のＥ２系による高速試験に続き、ＪＲ東日本は時速３６０キロ運転をめざす高速試験用新幹線電車「ＦＡＳＴＥＣＨ ３６０」を開発する。この時代、ＪＲ東日本のミニ新幹線は山形だけでなく秋田新幹線も営業を開始していた。そのため、試験車は通常の新幹線用「ＦＡＳＴＥＣＨ ３６０Ｓ」（Ｅ９５４形、８両編成）とミニ新幹線用「ＦＡＳＴＥ

新幹線のさらなる高速化をめざすプロジェクトとして平成15年には上越新幹線でE2系を使った速度向上試験も行なわれた

E2系による速度向上試験は報道公開され平成15年4月6日未明に362km/hを記録した

「FASTECH 360」では「ネコ耳」と呼ばれた空力ブレーキも実験された

「FASTECH 360」の一般新幹線用E954形編成

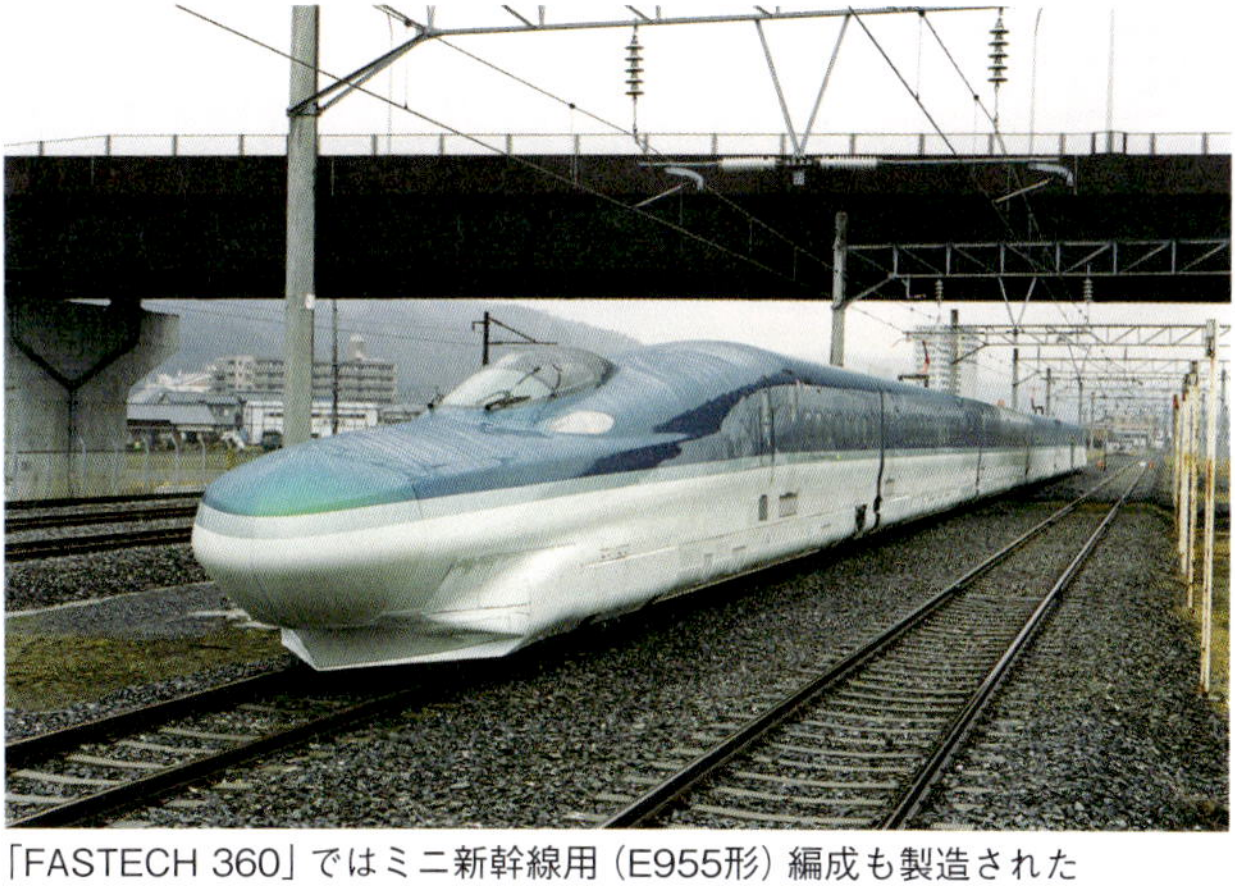

「FASTECH 360」ではミニ新幹線用（E955形）編成も製造された

CH360Z」(E955形、6両編成)の2編成が製造されている。E954形は平成17(2005)年6月、E955形は翌年3月に竣工、単独あるいは連結、さらにはすれ違いなどさまざまな高速試験が行なわれた。

一般に大きな話題となったのは、新幹線初の空気抵抗増加装置(空力ブレーキ)だった。車体から丸みを帯びた扇形の板をせり出すことで空気抵抗を増し、高速走行時の制動距離短縮を狙うものだった。その形状から「ネコ耳」などと呼ばれて関心も高まったが、空気の乱流が架線などに影響を与えることもあり、実用化はされなかった。

試験は時速275キロから時速365キロの間で重点的に行なわれ、環境面も含め経済的な折り合いの付く速度が探られた。その結果、時速320キロという営業速度の判断が下され、E5系およびE6系の開発へと進むことになった。なお、試験終了後、E954形は平成21(2009)年、E955形は平成20(2008)年に廃車された。

●時速320キロ運転を実現したE5系・E6系

「FASTECH 360」の知見を活かし、通常の新幹線用に開発されたのがE5系、ミニ新幹線用に開発されたのがE6系だ。

Ｅ５系は平成21（２００９）年に量産先行車がつくられ、走行試験を開始。また翌年にはＥ６系の量産先行車も完成、秋田新幹線「こまち」を想定した連結走行試験も行なわれた。Ｅ５系・Ｅ６系は全車両ともフルアクティブサスペンションを搭載、さらに空気ばねによる車体傾斜システムも搭載して半径４０００メートルの曲線でも時速３２０キロ運転が可能な性能となっている。さらにグランクラスという新たなサービスも盛り込んでいる。

所定の性能確認ができたところで量産に入り、Ｅ５系は平成23（２０１１）年３月５日から東北新幹線東京～新青森間で、列車名も新たに「はやぶさ」として営業運転を開始。このときはＥ５系単独運転で、宇都宮～盛岡間で最高時速３００キロとなっている。この６日後、東日本大震災が発生、東北新幹線は不通となった。暫定的な復旧が続くなか、同年９月に一部区間で時速３００キロ運転も復活している。日本一の速度となる時速３２０キロ運転は平成25（２０１３）年３月16日から「はやぶさ」単独列車で始まった。

Ｅ６系は平成25年３月16日から当初は「スーパーこまち」として運転を開始、東北新幹線区間では「はやぶさ」と併結して時速３００キロ運転を実施。「スーパー」と冠したのは従来車Ｅ３系「こまち」との差別化をはかるもので、翌年３月15日改正で全列車がＥ６系化されたところで、列車名を「こまち」に統一、３２０運転も開始した。

平成23年3月5日、E5系は東北新幹線「はやぶさ」としてデビュー

E5系は営業運転に入る前に綿密な走行試験が行なわれ、東京駅にも姿を見せた（平成21年12月9日）

E5系は平成25年3月16日から E6系との併結運転を実施。当初は最高300km/h運転

平成25年3月16日、E5系「はやぶさ」による320km/h運転が始まった

リニア中央新幹線の実現に向けて

東京〜大阪間を結ぶ中央新幹線は、昭和48（1973）年に国の「建設を開始すべき新幹線鉄道の路線を定める基本計画」として告示されていたものの、具体的な建設に至る動きは平成時代に入って始まったともいえる。

事業主体となるJR東海は、運営している東海道新幹線の逼迫している状況から中央新幹線の必要性を説き、会社設立時から積極的に動いていた。さらに在来の鉄輪式に頼らず開発研究の進んでいた磁気浮上式リニアモーターカーを採用することも極めて早い段階で方針としていた。

旧国鉄では東京・国分寺の鉄道技術研究所で開発研究に着手、宮崎リニア実験線による実験も進めた。宮崎では平成8（1996）年までリニア実験が行なわれているが、より本格的な実験線の必要性から並行して各候補地を検討、平成元（1989）年に新たな山梨リニア実験線の建設が決定された。この新たな実験線は将来的な営業線の一部に組み込むことも計画され、前後してこのプロジェクトにJR東海も参画していくことになった。こうして山梨リニア実験線の建設と実験用車両MLX01の開発が始まり、平成9（1997）年からは先行完成区間で本格的な走行試験も始まった。

MLX01はさまざまな試験と共に速度向上を重ね、同年11月28日には時速500キロを突破、

12月12日には有人で時速５３１キロ（当時有人世界最高）、12月24日には無人で時速５５０キロも記録している。また、平成15（２００３）年12月2日に有人で時速５８１キロ（当時有人世界最高）と更新した。さらに営業用仕様のL０系も開発、平成25（２０１３）年から長距離走行や耐久性の試験走行が始まっている。平成27（２０１５）年4月21日に有人で時速６０３キロを記録、鉄道における世界最高速度記録を更新した。

平成2年、山梨リニア実験線の建設が始まった。リニア中央新幹線への活用も考慮された構造だ

　こうして中央新幹線は中央リニア新幹線として建設されることになり、先行する品川～名古屋間は平成26（２０１４）年10月17日に建設認可、同年12月17日に着工となった。現在、品川～名古屋間の開業は２０２７年、大阪までの全線開業は２０３７年をめざしている。

途中の小形山架道橋の架設は中央自動車道を12時間閉鎖して実施

山梨リニア実験線では平成7年からMLX01の走行試験が始まった

平成25年からは営業線仕様として開発されたL0系の走行試験も始まった

平成6年12月2日、MLX01が初めて実験線に姿を現した。写真は保守車両に牽引された状態

第２章

技術革新と多様化。百花繚乱の新型車両

多様化したＪＲ特急
――国鉄型から脱却したＪＲ各社の看板列車の競演

●平成時代のＪＲ特急

ＪＲ各社は国鉄型車両を引き継ぐ形で発足、必要な車両増備も初期は国鉄設計を踏襲して行なわれていた。しかし、ほどなくＪＲ各社は独自の新たなサービス展開を模索し、そこに活用する新たな車両の開発も始めていく。さらにＶＶＶＦインバータ制御による交流誘導電動機、直噴式エンジン、軽量車体構造、ボルスタレス台車など、さまざまな鉄道技術が急速に発展する時代でもあった。

ＪＲ発足から約2年後、時代は昭和から平成へと移るころ、ＪＲ各社の施策が具体化していく。高速化や乗り心地改善を進めるより良いサービス、そして経済性や省エネルギーにも配慮された、より扱いやすい車両がめざされた。こうして平成時代には百花繚乱のごとく、新型車両が誕生することになった。これは特急用の車両も例外ではなかった。

本項ではＪＲ各社で開発された電車および気動車の特急向け車両を紹介しよう。

●JR北海道の特急用車両

JR北海道は、北海道を管轄エリアとしている。民営化翌年の青函トンネル開業により津軽半島の中小国以北が同社路線となり、その営業距離は3105・0キロにおよんだが、電化区間は約3割に留まっている。さらに冬季の冷え込みや降雪など厳しい気象条件があり、その車両や設備については国鉄時代より特別な配慮のもとにつくられてきた。

非電化路線の特急は、客車による寝台特急を除くと気動車（ディーゼルカー）によって運行されており、当初は国鉄型キハ183系、昭和63（1988）年からは時速120キロ運転に対応した改良型（同550番代・1550番代）も開発されている。

さらなる高速化をめざした研究が進められ、平成4（1992）年に**キハ281系**試作車が誕生した。JR四国の2000系で実用化が始まった振り子式気動車のJR北海道版といえる車両だ。気象条件への対応策など綿密な走行試験の後に量産化、平成6（1994）年3月1日から特急「スーパー北斗」として運転を開始した。日本の気動車としては初の時速130キロ運転を実施、函館〜札幌間の所要時間は従来のキハ183系「北斗」の3時間29分から2時間59分へと短縮している。最速列車の表定速度は時速106・8キロとなり、日本の在来線列車で最も速い列車として話題を集めた。

キハ281系「スーパー北斗」は在来線最高速列車として話題になった

キハ261系は「スーパー宗谷」「サロベツ」などとして活躍中だ

根室本線向けにキハ283系も開発され「スーパーおおぞら」として活躍を開始した

JRグループでは初めてVVVFインバータ制御＋交流誘導電動機システムを本格採用した特急形電車となる785系

789系は青函トンネルを通り本州と北海道を結ぶ「スーパー白鳥」としてデビュー、現在は「ライラック」で活躍

789系は道央特急向けの1000番代も開発され、当初は「スーパーカムイ」として運転された

キハ281系の発展形として平成9（1997）年3月22日から「スーパーおおぞら」として運転を開始したのが**キハ283系**だ。「スーパー北斗」の走行する函館・室蘭本線などより線形の悪い根室本線での使用を想定、車体傾斜角度を増やし、台車に自己操舵機構も組み込んだ。また、濃霧にも対応すべくヘッドライトなども工夫している。

さらにキハ281系・キハ283系で使用されてきた振り子式構造をやめ、台車の空気バネによって車体傾斜を行なう**キハ261系**も開発された。振り子式より曲線通過速度は減少するものの、構造が簡略化されることで製造コストが下がり、メンテナンスも楽になる。これは平成12（2000）年3月11日から「スーパー宗谷」として運転を開始した。

電化区間では国鉄型781系交流電車が使用されていたが、JR北海道の基幹路線となる札幌～旭川間の高速化をめざして**785系**交流電車を開発、平成2（1990）年9月1日から同区間の「スーパーホワイトアロー」として運転を開始した。動力は省メンテナンスと省エネルギーなどをめざして開発されたVVVFインバータ制御による交流誘導電動機が採用されている。これはJRグループとしては初の本格採用ともいえるものだった。最高速度は時速130キロで、札幌～旭川間はそれまでの1時間30分から1時間20分へと短縮、表定速度も時速100キロを超えた。

また、東北新幹線が八戸まで延伸した平成14（２００２）年12月１日、八戸〜函館間を結ぶ特急として「スーパー白鳥」などが新設され、専用の**７８９系**交流電車もデビューした。車体はキハ２６１系、動力はＪＲ北海道の通勤用７３１系電車に準じた形で開発されている。ただし、車体傾斜システムは使用されていない。「スーパー白鳥」は青函トンネルのある海峡線で時速１４０キロ運転も実施している。

平成19（２００７）年10月１日からは札幌〜旭川間「スーパーカムイ」向けの１０００番代も登場した。こちらは編成構成などが変更されている。

北海道新幹線の先行開業などによって特急の運行体系が変化しているが、これらの車両は現在もＪＲ北海道の特急形主力車両として活躍している。

●ＪＲ東日本の特急用車両

ＪＲ東日本の管轄エリアで特急運転も行なう路線はすべて電化されており、国鉄から直流専用の１８３系、１８５系、１８９系、交直両用の４８５系、４８９系、５８３系電車を引き継いで使用していた。ＪＲ東日本では、経年による老朽化もあり、その置き換えとして、さらには標準化されていたサービスを路線や列車などの特性に合わせて改革すべ

251系はリゾート特急「スーパービュー踊り子」として登場した

E257系は中央特急向け（写真）と房総特急向けに開発され、両者は編成や塗色も異なる

JR東日本唯一の振り子式E351系「スーパーあずさ」

JR東日本で初めて開発した特急形電車となる651系。国鉄型と異なるデザインに新しい時代を感じさせた

成田空港アクセス特急用に開発された253系。塗色は成層圏や太陽などをモチーフとしてデザインされた

房総特急向けに開発された255系。太平洋を思わせる青と菜の花の黄色が印象的な車両だ

く、特急用車両も精力的に開発導入している。

ＪＲ東日本で最初に開発した特急形車両は交直両用の**651系**だった。平成元（１９８９）年３月11日、常磐線の「スーパーひたち」として運転を開始している。この651系は国鉄型とは異なり、内外ともにＪＲ新時代を感じさせるデザインで、車内のクオリティーも高いものだった。在来線で時速１３０キロ運転を実現した最初の車両でもある。

651系は汎用性の高い車両だったが、その後は個性的な車両が続く。

まず平成２（１９９０）年４月28日に**251系**直流電車がデビュー。都心と伊豆を結ぶリゾート特急「スーパービュー踊り子」として運転を開始した。客室はハイデッキ構造を基本に、一部車両はダブルデッカーとして車窓の楽しみを提供した。

さらに平成３（１９９１）年３月19日には成田空港アクセス特急「成田エクスプレス」も運転を開始、この列車用に**253系**直流電車が開発された。海外に向けた日本の玄関口にふさわしいサービスを提供すべく設計され、足元にも荷物を置けるように配慮したカンチレバー式の座席、大型荷物置き場など多くの工夫が見られた。

また、平成５（１９９３）年7月２日には「Boso View Express」の愛称も掲げる**255系**直流電車が登場する。この車両は愛称にも記されたように房総エリアでの運転用に開発されたものだ。ここでは観光利用も多い半面、ビジネス利用も多い。この双方の需要に対してフレキシブルに対応できる車両としている。また、動力はＪＲ東日本の特急形電車では初めてＶＶＶＦインバータ制御による交流誘導電動機を採用している。

同年12月23日にはＪＲ東日本唯一の振り子式となる**Ｅ３５１系**直流電車もデビューした。曲線の多い中央本線でのスピードアップに貢献するもので、翌年から「スーパーあずさ」として運転。これもＶＶＶＦインバータ制御を採用、ＪＲ東日本の標準仕様となる。

平成９（１９９７）年10月１日には常磐線に新たな**Ｅ６５３系**交直流電車が投入され、「フレッシュひたち」として運転を開始した。これにより常磐線で使用されていた国鉄型４８５系の置き換えが進められ、翌年に引退している。ＪＲ東日本ではほかの路線に残っていた４８５系の置き換えも進めるが、列車によっては交流区間のみを走行する設定もある。ここにはＥ６５３系を交流専用としてコストダウンをはかった**Ｅ７５１系**交流電車を開発投入することになり、平成12（２０００）年３月11日から盛岡〜青森間の「スーパーはつかり」として運転を開始している。平成24（２０１２）年には新たな交直流電車**Ｅ６５７系**が開発され、同年３月から常磐線に導入されて６５１系やＥ６５３系の置き換えを進めた。

国鉄型車両の置き換えは直流電車でも進められた。平成13（２００１）年には１８３

E653系は常磐線沿線の観光資源などをイメージした5つの車体色が用意され、「フレッシュひたち」として活躍した

交直両用E653系を元にして交流専用のE751系も誕生。こちらは「スーパーはつかり」としてデビューしている

常磐特急には平成24年からE657系が導入され、651系とE653系の置き換えが進められた。写真は特別車両E655-1を組み込んで行なわれた試運転の様子

中央本線は平成29年からE353系が導入され、現在はこれに統一された

「成田エクスプレス」も平成22年までにE259系に置き換えられた

系・189系に替わる**E257系**直流電車を開発、同年12月1日から「あずさ」として運転を開始している。平成16（2004）年には房総エリア向けの編成も登場した。

平成21（2009）年には成田空港の設備拡張により発着便数が増える。これに合わせて「成田エクスプレス」の車両を刷新、輸送力強化をはかることになった。こうして開発されたのが**E259系**直流電車だ。平成21年10月1日から導入が始まり、翌年6月いっぱいで全列車を253系からE259系に置き換えている。

「スーパーあずさ」として活躍してきたE351系も置き換えの時期が迫ったことから**E353系**直流電車が開発された。E351系は振り子式によって曲線通過速度を向上させていたが、E353系は台車空気バネの圧力を調整することで車体を傾斜させる方式だ。近年実用化が進んだものだが、製造コストが低減でき、メンテナンスも容易などの長所がある。平成29（2017）年12月23日から「スーパーあずさ」として運転を開始、平成31（2019）年3月改正を機に中央本線系統の定期特急はE353系に統一された。

●JR東海の特急用車両

JR東海の管轄エリアでは非電化路線もあり、最初に導入された特急形車両は気動車だった。ＪＲ東海は国鉄型キハ82系を引き継いだが、１９６０年代の製造で性能や車内のサービス面でも見劣りしていた。ＪＲ発足後、直ちに新型車両の開発に取り組み、軽量ステンレス構造で重量を軽くし、さらにアメリカのカミンズ製高出力エンジンを使用することで電車並みの加速性能を実現した**キハ85系**として完成させた。

時代が平成になって間もない平成元（１９８９）年２月18日から名古屋と高山本線を結ぶ「ひだ」にて運転を開始する。客室窓が大きく設計されたこともあり、「ワイドビュー」の愛称も付けられた。快適な乗り心地と大幅なスピードアップを実現したことで人気を博し、〝ワイドビュー効果〟と呼ばれるほど高山周辺の観光地もにぎわった。増備が進められ、平成４（１９９２）年には「南紀」にも起用、国鉄型キハ82系を置き換えた。

平成３（１９９１）年３月16日からは御殿場線と小田急電鉄で相互直通運転が始まる。ＪＲ東海も専用の**３７１系**を製造、新宿〜沼津間の「あさぎり」として運転している。

３７１系はわずか１編成に留まったが、続いて中央本線「しなの」用に**３８３系**を開発する。国鉄型３８１系と同じく振り子式だが、車体傾斜にコンピュータ制御を加え、乗り心地などの性能アップをはかったのが特長だ。制御もＶＶＶＦインバータを採用。平成６（１９９４）年に試作車が完成、性能試験ののち、翌年４月29日から営業運転に入った。

新型エンジンと車体の工夫などで電車並みの走行性を実現したキハ85系

中央本線の特急「しなの」として活躍する振り子式の383系

汎用性の広い特急形車両として開発された373系。東海道本線の特急「東海」として活躍したこともある（平成17年）

小田急電鉄～御殿場線の直通運転用に開発された371系。7両編成のうち中間2両は2階建て。現在は引退したが、うち3両は山梨県の富士急行で運転を続けている

平成10年には四半世紀ぶりに寝台電車が開発された。形式名は285系、「サンライズ出雲・瀬戸」としてデビュー

381系も引き続き使われたが、こちらは平成20（2008）年に引退している。

平成7（1995）年には身延線などで運転されていた急行のサービスアップとして**373系**も登場した。特急から長距離普通列車まで幅広く使える車両として開発され、同年10月1日から特急「ふじかわ」として運転を開始、その後、他線にも進出している。

このほか、JR西日本との共同により**285系**寝台電車を開発、平成10（1998）年7月10日から東京〜出雲市・高松間の「サンライズ出雲・瀬戸」として運転を開始した。JR東海の区間は深夜帯通行であまり目立たないが、個室寝台を中心にした構成で、そのクオリティーは高い。現在では唯一運転されているJRの定期夜行列車となっている。

●JR西日本の特急用車両

JR西日本は各方面で特急を運転しており、JR発足後に導入した特急形車両も数多い。

まず、北陸本線向けの**681系**交直流電車を開発する。当時、北陸新幹線の建設ははっきりとした方針が定まらず、在来線列車を直通させる高規格鉄道による「スーパー特急」のアイディアもあった。ここでは時速160キロの運転が想定されており、681系はこうした使用も考えられた車両だった。平成4（1992）年に試作車が完成、同年12月26

日から「雷鳥」として運転を開始。動力は当初からＶＶＶＦインバータ制御方式を採用、平成７（１９９５）年からは量産も始まった。列車名は幾多かの変遷を経て平成９（１９９７）年から「サンダーバード」となっている。

平成13（２００１）年からは性能アップなどもはかった**683系**交直流電車としてさらに増備が続き、その数は２７０両となった。これはＪＲの特急形車両としては最多数だ。

直流区間向けでは関西国際空港開港に合わせて**281系**直流電車が開発され、平成６（１９９４）年９月４日から「はるか」として運行を開始。当初は京都駅などでのチェックインサービスも行ない、専用荷物室も用意されていた。

平成８（１９９６）年には紀勢本線向けの振り子式**283系**を開発。こちらもＪＲ東海の３８３系同様、車体傾斜にコンピュータ制御を加えて性能アップをはかっている。同年７月31日から「スーパーくろしお（オーシャンアロー）」として運転を開始。列車名は平成24（２０１２）年から他形式使用列車も含め「くろしお」と統一された。

関西国際空港開港に合わせて281系を開発、アクセス特急「はるか」として運転を開始

北陸特急向けの681系は将来的な160km/h運転もめざして開発された

平成13年には681系をバージョンアップした683系も登場。車体外観などは良く似ている

北近畿エリアの特急のサービスアップを目的として平成23年には287系が登場した

急カーブの多い紀勢本線向けに開発された振り子式の283系は「オーシャンアロー」の愛称で呼ばれた

山陰本線非電化区間の高速化をめざして開発されたキハ187系。「スーパーおき」などで活躍

平成22年に「はまかぜ」用として開発されたキハ189系

平成10（1998）年にはJR東海との共同で**285系**寝台電車を開発。

平成23（2011）年には北近畿エリアなどの国鉄型車両置き換え用に**287系**直流電車を開発、3月12日から「こうのとり」「きのさき」などとして運転を開始した。また、平成27（2015）年の北陸新幹線金沢延伸で余剰となった683系の一部は直流専用に改造された。形式名も**289系**と改め、同年10月31日から「くろしお」「きのさき」などに導入されている。

非電化区間向けでは平成13（2001）年に振り子式の**キハ187系**を開発、同年7月7日から「スーパーおき」などとして運転を開始。平成22（2010）年には**キハ189系**を開発、同年11月7日から「はまかぜ」に導入した。こちらは振り子式ではないが、新たな燃料噴射装置によって排気ガス中の窒素酸化物や粒子状物質削減をはかっている。

●JR四国の特急用車両

JR四国は発足時、ほぼ全線非電化となっていた。瀬戸大橋開通に向け、ようやく昭和62（1987）年3月23日に高松～坂出間、多度津～琴平間が電化され、さらに松山に向かって電化を進めるという状況だったのである。このため、すべての特急は気動車で運行されており、ＪＲ四国が最初に開発した特急形車両も気動車だった。

ＪＲ四国の特急運転路線は、土讃本線（現・土讃線）をはじめ曲線区間の多い線形となっている。国鉄末期、四国用に車体を軽量化、新型直噴式エンジンを搭載したキハ185系を新製導入していたが、さらなる高速化には振り子式車両の導入が欠かせないと判断された。そこで鉄道総合技術研究所と共同で、世界初の振り子式気動車となる**2000系**を開発する。平成元（1989）年には「ＴＳＥ」と命名された試作車が完成、3月11日から「しまんと」などで試験的な営業運転を開始した。2000系では、車体傾斜にコンピュータ制御を加えて性能アップをはかっているが、この制御付振り子式車両というのも日本初だった。また、形式名を4桁の数字で表記するのはＪＲでは同社が唯一だ。

2000系は翌年から量産され「南風」などに活躍、さらに平成7（1995）年には高徳線「うずしお」向けに最高時速130キロと高速化した改良型も登場、こちらは**N2000系**と呼び分けられることもある。

平成4（1992）年には予讃線の電化区間が伸びたことからＪＲ四国初の特急形電車も**8000系**として開発され、8月15日から「しおかぜ」などとして試験的な運転を開始した。この車両も2000系同様の制御付振り子式で、動力はＶＶＶＦインバータ制御。

振り子式電車8000系。先頭車両は非貫通タイプ（写真）と貫通タイプの2種あり、分割併合の運転にも対応する

8000系の後を継ぐ特急形電車として開発された8600系。振り子式ではなく台車空気バネを活用した車体傾斜式だ

8600系と同じ方式の車体傾斜式として開発された2600系気動車。現在のところ4両だけの製造に留まっている

JR四国の非電化区間で特急の主力として活躍する2000系気動車

振り子式2000系の試作編成は「TSE」の愛称で呼ばれた

平成晩年には振り子式に替わって台車空気バネの圧力調整による車体傾斜方式が開発され、平成26（2014）年にはそれを搭載した**8600系**電車、平成29（2017）年には**2600系**気動車が開発された。8600系は平成26年6月23日から「いしづち」として営業運転を開始したが、2600系は車体傾斜方式の構造が路線特性に合わないと判断され、新たに制御付振り子式**2700系**気動車の開発へと進んでいる。

●JR九州の特急用車両

JRグループのトップを切って特急形車両の開発に取り組んだのはJR九州だった。直流区間での運転がないため、交流専用の**783系**として誕生、昭和63（1988）年3月13日から運転を開始した。車体は軽量ステンレス製で、車体中央に出入り口デッキを設け、客室を二分するという新しい発想でつくられている。これは短編成でもいろいろなサービスに対応でき、たばこの分煙化にも役立った。車内喫煙がまだ認められていた当時、これは画期的な試みでもあった。車両愛称は「ハイパーサルーン」と命名され、グリーン車にはアテンダント「ハイパーレディ」も乗務した。女性アテンダントもここから始まっている。783系は平成初期にかけて量産され、現在も九州各地で活躍している。

平成4（1992）年にはハイクオリティな旅を提供すべく、**787系**交流電車が開発される。水戸岡鋭治氏主宰のドーンデザイン研究所によるデザインで、列車愛称は伝統の名列車にちなんで「つばめ」とされ、同年7月15日から運転を開始した。この列車でも「つばめレディ」と呼ばれるアテンダントが乗務、導入当初は「ビュフェ」による本格的な軽食サービスも行なわれた。九州新幹線の開業などにともない運用は大きく変化しているが、783系と共に現在も九州各地で活躍している。

平成6（1994）年には日豊本線の高速化をめざして日本初の振り子式交流電車**883系**が開発され、翌年4月20日から「ソニックにちりん」として営業運転を開始。振り子式の効果は博多～大分間で約20分近い短縮となり、以後、増備を重ねていく。また、JR九州の特急形電車としては初めてVVVFインバータ制御を採用している。

その後、長崎本線の線形に合わせて振り子機構を調整、高速域での加速性能を高めた**885系**も開発され、平成12（2000）年3月11日から「かもめ」として運転を開始した。

JR九州はこのほかにJR四国から移籍したキハ185系による「ゆふ」「九州横断特急」などを運行するほか、「ゆふいんの森」など専用車両を使うD&S列車（観光列車）も多く、その一部は今も特急として運行されている。

「白いかもめ」(写真)「白いソニック」の愛称で呼ばれる885系

JRグループ初の特急形電車として開発された783系

JR九州初の振り子式電車として開発された
883系は「ソニック」の愛称で呼ばれる

「つばめ」としてデビューした787系。列車名は新幹線に引き継がれた

乗って楽しい列車へ
――トロッコ列車からクルージングトレインへの歩み

●「ジョイフルトレイン」からリゾート列車へ

国鉄時代、乗る楽しさを追求する一般とは異なるサービスといえばジョイフルトレインがあった。昭和35（1960）年、東北地区で団体向けに畳敷き客車を導入。好評を呼び、「お座敷列車」として全国各地に拡がっていく。昭和58（1983）年には「サロンエクスプレス東京」が登場。これは畳敷きではなく、個室を中心に展望室を兼ねたラウンジも設置、「欧風客車」と呼ばれた。これを皮切りに国鉄晩年にかけて趣向を凝らした車両が次々と登場、国鉄ではこれらを「ジョイフルトレイン」と総称してPRしていった。

ジョイフルトレインは団体向け、あるいは臨時列車として使用されたが、昭和60（1985）年から北海道で運転を開始した「アルファコンチネンタルエクスプレス」あたりから、特定区間を定期的に運行する列車も登場していく。こうしてリゾート列車とも呼べるような新たなサービスがスタートしたところで国鉄は分割民営化されてJRグループが発足、そして時代は昭和から平成へと入っていく。

●「トロッコ列車」の誕生

現在、全国各地で運行されている「トロッコ列車」も乗る楽しさを追求するサービスの一つだろう。元々「トロッコ」とは手押しなどで運行する小型の貨車を示す言葉だが、トロッコ列車は貨車または貨車に類似した簡素な車両で、アドベンチャー気分も楽しめる列車というところだろうか。

黒部峡谷鉄道のように当初からトロッコで運行されている鉄道もあるが、新たなサービスの試みとしては昭和59（１９８４）年に国鉄が四国の予土線で運行を開始した「トロッコ清流しまんと号」が創始だろう。ここでは無蓋車にベンチと屋根を設け、気動車に連結して運行した。鉄道運営者にとっては設備投資が廉価ということも魅力だったと思うが、ＪＲ発足の前後から全国各地に次々と誕生した。

自走できない貨車に乗車させるため、気動車、ディーゼル機関車、あるいは電気機関車に牽引させる形で運転されたが、折り返し運転には入換作業が必要になる。そこで編成の両側に動力車を連結（平成筑豊鉄道門司港レトロ観光線の「潮風号」など）、あるいは最

四国の予土線で始まったトロッコ列車は現在も「しまんトロッコ」として継続運転されている

「びゅうコースター風っこ」は気動車の側面を大きく開き、トロッコ列車風の楽しみを提供

釧網本線で運転される「釧路湿原ノロッコ号」。写真は平成3年。現在は車両が様変わりした

木次線で運転される「奥出雲おろち号」。写真手前は客車だが、運転席が設置されている

由布岳のふもとを走る「ゆふいんの森」。写真は平成元年登場のキハ71系

予土線では平成26年から0系新幹線を模した「鉄道ホビートレイン」も運転されている

JR北海道の「ニセコエクスプレス」。写真は平成20年。平成29年に引退

「ゆふDX」時代のキハ183系1000番代。現在は「あそぼーい！」化

後尾の車両に簡易運転台を設置したプッシュプル運転（JR西日本の「奥出雲おろち号」など）へと進化していった。さらには気動車の壁面を大きく開口、自走できるトロッコ列車（JR東日本の「びゅうコースター風っこ」など）も登場している。

列車が高速化、空調も完備したことで窓の開かない列車も増えている。ゆったりとした速度で、爽やかな外気に触れながら走るトロッコ列車の人気はこれからも続くに違いない。

●平成時代のリゾート列車

ジョイフルトレインは、国鉄の分割民営化時、大半がJRグループへと引き継がれ、さらに新たな車両の導入も続いている。その製作は国鉄時代からそうだったように、ほとんどが既存余剰車両の改造によって賄われている。

「種車」とも呼ばれる改造に使う車両は時代と共に変化しており、国鉄時代は14系あるいは12系といった客車が多かった。それがJR発足時に前後して、キハ58系気動車、165系電車といった急行形車両の起用が増えていく。また、平成3（1991）年に登場した「リゾートエクスプレスゆう」あたりから485系電車など特急形車両も起用。さらに時代が進むとキハ58系余剰車が枯渇、平成12（2000）年登場の「びゅうコースター風っこ」からキハ40系の起用が増え、平成19（２００７）年のＥ６５５系「和（なごみ）」、平成22（２０１０）年のＨＢ‐Ｅ３００系「リゾートビューふるさと」からは新製車両も登場する。ジョイフルトレインの種車を調べていくだけでも、時代の流れが見えてくる。

また、時代が平成に移ったころから、従来の団体専用ではなくリゾート列車あるいは観光列車のような起用が増えていった。

新たなサービスを感じさせたのは、平成元（１９８９）年３月11日にデビューしたＪＲ九州の「ゆふいんの森」だった。卵を連想させる穏やかなフォルムにグリーンのメタリック塗装、客室もレトロ調にまとめられ、車両内外のデザインが極めて個性的だった。さらに車内サービスも専任アテンダントを乗務させ、従来の車内販売を超えるものだった。まさに乗ることが楽しみとなる列車である。

翌年にはＪＲ東日本の２５１系「スーパービュー踊り子」が誕生、さらにＪＲ西日本の２８３系「オーシャンアロー」などリゾート列車と呼べる列車が続いているが、本書ではこれらを本項で扱わずＪＲ特急として紹介した。単に改造車と新製車の違いというわけではなく、ここでは希少性も魅力の一つとしている。ちなみに「ゆふいんの森」は毎日運転を基本としているが、予備車がないため登場時から現在に至るまで臨時列車扱いだ。

山形新幹線で運転される足湯付きの「とれいゆつばさ」。足湯はフリースペースだが、全車指定席で運転

七尾線の「花嫁のれん」。北陸の伝統工芸として有名な輪島塗や加賀友禅、金沢金箔などをイメージした車両だ

土讃線の「四国まんなか千年ものがたり」。3両編成を組み、写真は2号車。供食サービスも楽しめる

車内でスイーツが楽しめるJR九州の「或る列車」。長崎コース、大分コースなどで運転されている

シンプルに旅を楽しむ列車として平成2（1990）年に登場したJR東日本の「ノスタルジックビュートレイン」も忘れられない。これは秘境路線として人気のある五能線を走るもの。すでに減少してきた客車列車の乗り心地も魅力だった。同列車は車両の老朽化もあり、平成9（1997）年から気動車による「リゾートしらかみ」となったが、車両の代替えをしながら現在も人気列車となっている。

平成11（1999）年には「ゆふいんの森」の第2編成が登場した。初代「ゆふいんの森」の人気に支えられ、JR九州では国鉄から引き継いだキハ183系1000番代を起用したこともあるが、姉妹車両が望まれたのだろう。ちなみにキハ183系1000番代は九州内各地に転戦、現在は「あそぼーい！」として豊肥本線で活躍中だ。

平成13（2001）年にはJR東日本の「きらきらうえつ」、九州新幹線先行開業となった平成16（2004）年にはJR九州の「はやとの風」「いさぶろう・しんぺい」が誕生している。新幹線延伸は新たな需要開拓に結び付き、平成22（2010）年の東北新幹線全通時はJR東日本の「リゾートあすなろ」、翌年の九州新幹線（鹿児島ルート）全通時はJR九州の「A列車で行こう」「指宿のたまて箱」、そして先述の「あそぼーい！」、平成27（2015）年の北陸新幹線金沢開業時はJR西日本の「花嫁のれん」「ベル・モンターニュ・エ・メール」などが誕生している。

近年のトレンドは平成25（2013）年の肥薩おれんじ鉄道「おれんじ食堂」あたりを嚆矢とする本格的な食事を楽しむ列車の創出だろう。これは沿線の魅力を食で演出しようという試みで、JR東日本の「TOHOKU　EMOTION」、しなの鉄道の「ろくもん」、北近畿タンゴ鉄道（現・京都丹後鉄道）の「丹後くろまつ号」、JR四国の「伊予灘ものがたり」などが次々と登場した。JRの食堂車付き定期列車は平成27（2015）年で運行をやめ、列車内で食事を味わう楽しみが消えようとしていた時期にも重なりヒット、各鉄道が追従することになったのだろう。

変わったところでは平成26（2014）年に登場したJR東日本の「とれいゆつばさ」も忘れられない。列車内で足湯を楽しむというもので、山形新幹線で運転されている。

●究極のクルーズトレインへ

平成25（2013）年にはJR九州の「ななつ星in九州」が運行を開始した。これは極上の列車の旅として企画されたもので、列車そのものをハード・ソフトともにリゾートホテルのように仕上げ、それに乗って自然・食・温泉・歴史などを楽しむというものだ。船

クルーズトレインの創始といえるJR九州の「ななつ星in九州」。左写真は7号車のDXスイート

JR東日本の「TRAIN SUITE 四季島」。写真は最上クラスの「四季島スイート」に用意されたバスルーム

車端部が展望デッキとなったJR西日本の「TWILIGHT EXPRESS 瑞風」の「ザ・スイート」

旅の鉄道版ともいえるもので、「クルーズトレイン」と呼ばれている。

引き続き、平成29（2017）年にはJR東日本の「TRAIN SUITE 四季島」、JR西日本の「TWILIGHT EXPRESS 瑞風」も運行を開始している。

考えようによっては、平成元（1989）年登場の「トワイライトエクスプレス」、平成11（1999）年登場の「カシオペア」もクルーズトレインに近い魅力を備えていたが、サービスは桁違いのクオリティーで、もはや同列には語れない。

車両はすべて新製で、動力構造面からみると「ななつ星in九州」は客車、「TRAIN SUITE 四季島」は電車と電気式気動車（ディーゼルエンジンで発電した電力を使い、電車の駆動システムで運転する方式）と2つの動力システムを備えたハイブリッド方式、そして「TWILIGHT EXPRESS 瑞風」は気動車となっている。いずれも電化・非電化を問わず魅力的な路線での運行を配慮したものだ。

●文化財としての価値もあるSL列車

乗って楽しいばかりか、見て楽しい列車となるとSL（蒸気機関車）も紹介しておきたい。旧国鉄では昭和50（1975）年までSLを使用していた。SLを文化財として保存展示するため、日本の鉄道１００周年となった昭和47（１９７２）年に「梅小路蒸気機関車館」（現京都鉄道博物館に統合）も開設されたが、ＳＬの魅力を伝え、運転や整備の技術継承を行なうためには定期的な運転が欠かせないと判断され、昭和54（１９７９）年から山口線で「ＳＬやまぐち号」の運転も始まった。また、大井川鐵道では観光資源としての価値を見いだし、昭和51（１９７６）年から本線でのＳＬ列車運転を始めている。

こうしたＳＬ運転はＪＲ各社にも引き継がれた。ＪＲ北海道は発足に前後してＣ62形３号機を動態復元、平成時代も運行させたが、コスト面の問題もありＣ11形１７１号機および２０７号機を復活させている。現在、２０７号機は東武鉄道に貸し出され、「ＳＬ大樹」として運転している。

ＪＲ東日本は発足直後にＤ51形４９８号機を動態復元、さらにＣ57形１８０号機、Ｃ61形20号機、Ｃ58形２３９号機・３６３号機を復元した。後者は秩父鉄道に移籍し、「ＳＬパレオエクスプレス」として運転している。東日本エリアでは真岡鐵道もＣ12形を運転。

ＪＲ西日本は梅小路蒸気機関車館を引き継いでいるが、ここに静態保存されていたＤ51形２００号機を本線運転可能な状態に復元している。さらにＪＲ九州も大正時代の５８６５４号機（８６２０形）を動態に復元、「ＳＬ人吉」として運転中だ。

山口線では平成29年に本線復帰を果たしたD51 200も運転される

釜石線のC58 239牽引「SL銀河」。客車は動力付きの気動車で、勾配区間をサポート

東武鉄道の「SL大樹」はJR北海道から借入のC11 207で運転

磐越西線の「SLばんえつ物語」の先頭に立つC57 180。時折、特殊なデフレクター（写真）を付けることもある

C61 20は急行列車牽引用に開発された大型機。走行時の迫力もひときわ大きい

「SL人吉」として活躍する58654は大正生まれのSL。JRの動態保存SLではもっとも車齢が高い

鉄道貨物輸送の変革
――モーダルシフトに向けたＪＲ貨物の新たな試み

●鉄道貨物輸送方式の大変革後にＪＲ貨物が発足

貨物輸送も鉄道の大きな役割を担っている。より効率的な輸送をめざして時代と共に変化してきたが、平成が始まる5年前の昭和59（１９８４）年、鉄道貨物輸送システムの大変革が行なわれた。このとき、操車場（ヤード）による貨車単位の行き先別仕分け作業を全廃、貨物列車は拠点間を結ぶ直行輸送だけになったのである。これは国鉄の民営化に向けた貨物輸送の徹底的な合理化策の一つだった。

●コンテナ輸送の改善をめざして

この体制で国鉄の貨物輸送はＪＲ貨物に引き継がれた。ＪＲ貨物はさらなるサービス改善に努め、貨物輸送の再生をめざしていく。ＪＲ貨物発足時、輸送量で見ると有蓋車やタンク車で行なわれる車扱いが75％、コンテナ輸送は25％となっていた。しかし、主要都市間を直行する高速コンテナ列車の利用率は高く、この輸送力強化が大きな課題となったのである。ちなみに平成28（２０１６）年度では、車扱い29％、コンテナ71％と逆転している。

コンテナ輸送の改善には高速化、長編成化などさまざまな要素が関わってくる。

高速化は、高性能な機関車の開発、さらにはコンテナ電車の開発など車両面からのアプローチだけでなく、コンテナ駅での作業時間短縮も大きく関係してくる。ここでは「着発線荷役（Ｅ＆Ｓ方式）」が導入された。「荷役」とはコンテナを貨車に積んだり、降ろしたりする作業のことで、以前は専用の荷役線で行なわれていた。これを着発線で行なえば転線にかかる作業が不要になり、その分、時間短縮となる。ただし、着発線で荷役ができるように設備の改良が必要で、さらに電化区間の着発線は架線があるため、それに触れないように安全に扱うしくみの構築も必要だ。現在、全国29駅で実施されている。

長編成化は、単純に貨車の連結両数を増やすだけでなく、それを牽引できる強力な機関車が必要で、コンテナ駅の有効長も延ばさねばならない。また、強力な機関車を導入するためには電力設備の強化が必要で、さらに途中駅の待避線も延長するなど多岐にわたる大事業となる。これは需要の高いルートから着手し、平成10（１９９８）年には東海道本線、平成19（２００７）年には山陽本線、平成23（２０１１）年には鹿児島本線（北九州～福

JR貨物発足後間もない昭和63年3月から最高110km/hの「スーパーライナー」を運転開始、コンテナ列車を速度向上

コンテナ駅での作業時間を短縮するため、架線下となる着発線での荷役作業（E&S方式）も行なわれるようになった

新たな輸送にチャレンジすべくトラックを専用貨車で運ぶ「ピギーバック輸送」も行なわれた

E&S方式を取り入れ、26両編成化も果たした北九州貨物ターミナル駅

「IT-FRENS & TRACEシステム」の導入でコンテナ輸送が大きく変革した。写真は現場に設置された端末

大型海上コンテナも鉄道で輸送できるように新たな貨車が開発され、荷役用のトップリフターも導入された

岡貨物ターミナル間）で整備が完了、コンテナ列車の24→26両化（１３００トン輸送）が実現した。また首都圏から北方ルートでは18→20両化をめざし、拠点となる隅田川駅の整備が平成25（２０１３）年に完成している。

●情報システムの開発

ＪＲ貨物では、発足後、事業全体のサービス向上をめざす情報システムの開発・整備にも取り組んでいる。

平成元（１９８８）年、車扱い貨物向け情報システム「ＮＥＴＳ」を開発、さらに平成6（１９９４）年にはコンテナ情報システム「ＦＲＥＮＳ」(FREight information Network System）も開発導入した。ＦＲＥＮＳは、荷主にとってはコンテナ輸送を発注する予約システムになり、旅客鉄道の「みどりの窓口」などで活用されているマルスのようなものだ。

さらにＪＲ貨物ではＧＰＳによる列車やコンテナ位置の検知システム、運転情報伝達システムなどの開発導入を進め、平成17（２００５）年からは鉄道コンテナ輸送の総合的な管理システム「ＩＴ-ＦＲＥＮＳ＆ＴＲＡＣＥシステム」として稼働させている。

コンテナは、国鉄で昭和34（１９５９）年に導入して以来、１個ずつのコンテナに取り付けた荷票によって管理され、目的地へと運ばれていた。ＦＲＥＮＳはこれを支援するシステムだったが、荷票そのものは相変わらず使用されていたのである。ここで連携された「ＴＲＡＣＥシステム」はコンテナに荷票の替わりにＩＣタグを取り付け、ＧＰＳと組み合わせて位置管理を行なうシステムだ。位置の把握は数十センチ単位で可能となり、コンテナ駅の荷役ではフォークリフトへの指令管理まで行なえる。

こうして経験と勘に頼っていた鉄道コンテナ輸送が大きく進化したのだ。

新たな輸送への試みとして平成7年から川崎市のゴミ輸送「クリーン川崎号」も運転開始

●コンテナ電車など高性能車両の開発

ＪＲ貨物は発足後、輸送量の増加に対応するため、国鉄型のＥＦ66形、ＥＦ81形などを新製増備したが、列車の高速化、安定化、保守の省力化などをめざし、新型車両の開発にも取り組んだ。

平成２（１９９０）年には日本初のＶＶＶＦインバータ制御による誘導電動機を搭載した電気機関車ＥＦ２００形

特定顧客の専用列車も運転。写真は平成18年からトヨタ自動車の部品輸送を行なう「トヨタ・ロングパス・エクスプレス」

平成25年から運転される福山通運の「福山レールエクスプレス号」。東京～大阪間で開始、各地に本数を増やしている

平成30年5月9日からは大阪～仙台間で西濃運輸の専用列車も運転されるようになった。写真はその出発式の様子

平成16年3月13日からM250系コンテナ電車による「スーパーレールカーゴ」の運転も始まった。列車は佐川急便の専用で東京～大阪間を結ぶ

を開発した。この機関車は将来的な1600トン輸送もめざした直流電気機関車だったが、電力設備の大掛かりな改修が必要となったため、この技術を応用して平成8（1996）年から1300トン輸送向けのEF210形を開発量産している。また平成14（2002）年には山岳路線向けのEH200形も運転を開始した。

直流区間と交流区間を直通する交直流電気機関車は平成2（1990）年にEF500形、平成9（1997）年にはEH500形も試作された。後者は青函トンネルを抜けて隅田川〜五稜郭間を直通できる能力を持ち、途中での機関車交換作業をなくして大幅な時間短縮が期待できた。平成12（2000）年から量産されている。また、平成13（2001）年にはEF510形も登場している。なお、青函トンネルは平成28（2016）年の北海道新幹線開業で信号システムが新幹線方式となった。そのため、平成24（2012）年にはそれに対応するEH800形が開発導入されている。

非電化区間向けにはVVVFインバータ制御の電気式ディーゼル機関車DF200形が平成4（1992）年に試作され、量産化されている。なお、JR九州で運行されている「ななつ星in九州」の先頭に立つ機関車もこの技術を活用してつくられている。また、JR貨物では貨物駅の入れ換え運転にもディーゼル機関車を使用しているが、平成22

（２０１０）年に電気式ディーゼル機関車と蓄電池機関車の２つの機能を兼ね備えた日本初のハイブリッド機関車ＨＤ３００形を試作した。これは排出ガス削減に大きな効果があると認められ、平成24（２０１２）年から量産導入されている。

また、機関車牽引ではコンテナ列車の高速化に限界があるため、動力分散式のコンテナ専用電車Ｍ２５０系を開発、平成16（２００４）年から東京貨物ターミナル〜安治川口間の「スーパーレールカーゴ」として運転を開始した。最高速度は時速１３０キロだが、機関車牽引列車より加減速が優れ、表定速度は時速90・６キロと貨物列車では世界最高速級となっている。所要時間は６時間11分で、かつての在来線電車特急「こだま」より速い。

平成2年に誕生したEF200形直流電気機関車。1,600ｔ牽引も可能な性能を持っている

貨物駅の排出ガス削減をめざして開発されたハイブリッド方式のHD300形機関車

「ECO-POWER金太郎」と呼ばれる2車体方式のEH500形交直流電気機関車

直流電化区間で幅広く活躍するEF210形直流電気機関車には「ECO-POWER 桃太郎」のニックネームがつく

山岳区間で活躍する2車体方式のEH200形直流電気機関車は「ECO POWER ブルーサンダー」と命名された

EF510形交直流電気機関車。写真の機関車はJR東日本からJR貨物に移籍してきたもので、JR東日本時代の塗色

北海道新幹線開業後、青函トンネル区間はEH800形交流電気機関車。新幹線用の電源や信号システムにも対応する

非電化区間向けに開発されたDF200形電気式ディーゼル機関車。北海道のほか中京地区でも活躍している

平成世代の私鉄特急
――観光路線に登場した新型車両と空港アクセス特急

●進化を重ねる私鉄の特急

私鉄の特急と言えば、一般の車両を使って速達性を提供するものが多いが、ＪＲ並みの専用車で運行しているところもある。多くは沿線観光地、あるいは国際空港へのアクセスという設定だが、都市間輸送としてこうしたサービスを行なっている例もある。

私鉄の特急も平成の30年間でさまざまな動きがあった。鉄道車両の耐用命数(耐用年数)は物理的な劣化、経済性、そして陳腐性などで定められる。特急の場合、鉄道の看板にもなりうるため陳腐性の判断は重要で、維持にはリニューアルもしばしば行なわれている。また、平成時代は省エネルギーや省メンテナンスなどに向けた技術も大きく発展した。こうした新技術を導入するためにも刷新が行なわれた。さらに国際空港の開設など新路線の誕生もあった。一般に近年の鉄道車両耐用命数はおよそ20〜30年といわれているが、こうした状況の変化もあり、平成時代の私鉄特急は大きく変化することになったのだ。

●京成電鉄「スカイライナー」

京成では昭和53（1978）年の新東京国際空港（現成田国際空港）開業時から空港アクセス特急「スカイライナー」を運行している。平成2（1990）年には翌年の空港ターミナルビル乗り入れに向けて2代目となるAE100形を新製導入した。これは京成新造車としては初のVVVFインバータ制御でもあった。

平成22（2010）年7月17日には時速160キロ運転に対応する「成田スカイアクセス」こと成田空港線が開業。これに合わせて3代目のAE形が開発され、開業日からすべての「スカイライナー」がAE形で運転するようになった。途中、新幹線以外では国内最高速となる時速160キロで運転、日暮里〜空港第2ビル駅間を最速36分で結んでいる。

●東武鉄道「スペーシア」から「リバティ」へ

東武は昭和4（1929）年の日光線開業以来、観光地への足として特急運転の歴史がある。平成2（1990）年に登場したのは「スペーシア（SPACIA）」の愛称で知られる100系だ。最高時速120キロという性能は、登場時、近鉄21000系と並び私鉄トップクラスだった。また、有料特急用のVVVFインバータ制御搭載は営業運転時

平成2年に誕生した京成のAE100形。「スカイライナー」などとして活躍したが平成28年に全車引退している

西武鉄道の特急「ニューレッドアロー」として活躍する10000系（写真左）。平成31年には後継の001系も登場

現在の「スカイライナー」として活躍する京成AE形は、新幹線以外では日本最高速の160km/hで運転されている

東武スカイツリーラインを走る100系。「スペーシア」の愛称で呼ばれる

平成29年に登場した東武500系は「リバティ」として活躍中だ

点で日本初だ。

日光へはＪＲ日光線も通じており、国鉄時代から東武と競っていたが、平成18（２００６）年には接点となる栗橋駅を経由して相互運転を開始した。１００系も一部編成にＪＲ線乗り入れ対応設備が用意され、「スペーシアきぬがわ」として新宿駅まで姿を見せる。

平成３（１９９１）年には在来特急車の部品を活用するなどして２００系・２５０系・３００系・３５０系も登場した。平成29（２０１７）年には従来特急にはない汎用性を追求した「リバティ（Ｒｅｖａｔｙ）」こと５００系も登場している。

●西武鉄道「ニューレッドアロー」から「ラビュー」へ

西武は昭和44（１９６９）年の秩父線開業時から５０００系「レッドアロー」による特急を運転してきた。平成５（１９９３）年には「ニューレッドアロー（ＮＲＡ）」と呼ばれる１００００系を導入、全列車をこれに置き換えている。

平成最後の31（２０１９）年３月からは新たに「ラビュー（Ｌａｖｉｅｗ）」こと００１系を導入した。未来感覚あふれるデザインで、巨大な客室窓も強い印象を与える。平成の次の時代へ西武特急の夢をつなぐ車両だ。

●小田急電鉄　続々と誕生する「ロマンスカー」シリーズ

小田急は昭和20年代から箱根などへの足として専用車両を使った特急を運転してきた。同社ではこのころから「ロマンスカー」として積極的にPRするようになった。

この「ロマンスカー」の新たなサービス展開をすべく、平成時代にも数多くの新型車両を導入している。昭和62（1987）年に開業60周年を記念して10000形（HiSE）がつくられているが、平成3（1991）年には御殿場線との直通運転向けに20000形（RSE）を導入、平成8（1996）年にはビジネス利用を意識した30000形（EXE。現在はリニューアルで順次EXEα化）、平成17（2005）年には箱根観光向けのフラッグシップモデル50000形（VSE）、平成20（2008）年には地下鉄直通用の60000形（MSE）が登場している。そして平成30（2018）年にはロマンスカーの魅力の一つである展望性を極めた70000形（GSE）も導入された。

●名古屋鉄道「パノラマカー」から「ミュースカイ」へ

名古屋鉄道では「パノラマカー」と呼ばれる専用車両で特急運転を続けてきたが、特急料金不要というものだった。その後、指定席車による「座席指定券」を導入、さらにこれ

平成17年に登場した小田急50000形（VSE）。車端部は展望席となる

JR御殿場線への直通運転向けに開発された小田急20000形（RSE）は2階建て車両も組み込んでいた

平成8年に登場した小田急の30000形（EXE）。現在はEXEαへとリニューアル進行中

名鉄2000系は空港連絡「ミュースカイ」向けの専用車両

名鉄特急では「パノラマsuper」シリーズも忘れられない

平成30年にデビューした小田急の70000形（GSE）。この車両も車端部に展望席を設置する

を特別車による「特別車両券」と変更した。現在は特急の全車両または一部車両が特別車両となり、利用の際は「特別車両券（ミューチケット）」を用意する形になっている。

名鉄の特急車は用途によって細分化されているが、基本は平成3（1991）年登場の1200系「パノラマsuper」あたりだろう。平成17（2005）年には中部国際空港が開業、空港アクセス用2000系「ミュースカイ」が登場した。さらに2000系と類似デザインながら汎用性を高めた2200系も登場、今後の特急の主力となる予定だ。

●近畿日本鉄道「アーバンライナー」から「しまかぜ」へ

近鉄では前身の参宮急行時代から特急運転の長い歴史がある。平成時代の特急車は昭和63（1988）年から平成にかけて量産された「アーバンライナー」こと21000系で幕を開けた。平成2（1990）年には「さくらライナー」こと26000系も登場。平成6（1994）年には観光向けに特化した「伊勢志摩ライナー」となる23000系もデビュー、当時の日本の私鉄で最高速となる時速130キロ運転も実施している。また、この時代には汎用特急向けの「ACE」こと22000系（平成4年）や16400系（平成8年）も登場している。

平成14（2002）年、「アーバンライナー」をグレードアップした21020系「アーバンライナーnext」を導入、初代の21000系はリニューアルにより「アーバンライナーplus」となった。さらに平成25（2013）年には伊勢神宮式年遷宮に合わせて伊勢志摩連絡の50000系「しまかぜ」も誕生した。汎用特急向けでは「Ace」こと22600系（平成21年）・16600系（平成22年）も登場している。

●南海電気鉄道「こうや」「サザン」そして「ラピート」へ

南海では高野山参拝向け「こうや」から特急の運転が始まった。高野線には50‰という急勾配があり、この特急車両には特殊な性能が求められる。平成11（1999）年からは31000系が導入され、従来の30000系と共に活躍している。

いっぽう、南海本線では阪和間の特急「サザン」が運転されているが、これは一般列車に専用車両を連結、座席指定料金を支払う形だ。ここには平成23（2011）年から「サザン・プレミアム」こと12000系が導入されている。また、平成6（1994）年には関西国際空港が開港、専用に開発した50000系により空港アクセス特急「ラピート」の運転を開始。客室窓を楕円形にするなど、個性的なデザインで大きな話題となった。

鉄仮面のような運転室に楕円窓、個性的な風貌の南海50000系「ラピート」

「サザン・プレミアム」として親しまれている南海12000系は阪和間特急などに活躍

第三セクター鉄道でも特急形車両を所有していたところがある。これは北越急行681系。北陸新幹線開通まで越後湯沢～金沢・和倉温泉間で活躍

伊勢志摩連絡特急「しまかぜ」として活躍する近鉄50000系

平成14年登場の「アーバンライナーnext」こと21020系

第三セクター鉄道の智頭急行で開発した振り子式気動車のHOT7000系。特急「スーパーはくと」として鳥取・倉吉と京阪神を結ぶ

新たな動力システムへの模索
——電車は架線レス、気動車もモーターで走る時代へ

●鉄道車両の新たな動力システム開発

平成10年代ごろから「蓄電池電車」や「ハイブリッド気動車」など聞きなれない鉄道車両が増えてきた。従来、架線から得た電力で電動機を回して走行する「電車」、ディーゼルエンジンの回転を車輪に伝えて走行する「気動車」が基本になっていたが、その枠組みを超える動力システムの実用化が進んできたのだ。

この開発に進んだ要因はいくつかあるが、一つは環境対策のため、エネルギーを効率的に使い、そして排気ガスも減らすという追求だ。また、電気車両ではＶＶＶＦインバータ制御＋誘導電動機という技術が確立、これによる性能アップやメンテナンスの省力化も進められた。さらに近年では蓄電池技術も大きく進化しており、こうした技術の組み合わせによる新しい動力システムの模索が始まったのである。

現在、実用化が始まっているのは「電気式気動車」「蓄電池電車」だ。このほかにＪＲ

東日本で「ハイブリッド車両」あるいは「ディーゼルハイブリッド車両」と呼ばれるものもあるが、これは大別すれば電気式気動車の派生システムとも言えそうなものだ。

●新時代の電気式気動車

電気式気動車は、内燃機関で発電機を動かし、そこで得られた電力で電動機を回して走行するものだ。実はその歴史は古く、昭和初期の内燃車両開発時から試作されている。システムを構成する部品が大きく、重量も大きくなることから気動車よりは機関車に向くと判断され、国鉄時代にＤＤ50形やＤＦ50形などが実用化されている。ＪＲ貨物が平成４（１９９２）年から開発導入しているＤＦ２００形もこの電気式ディーゼル機関車だ。ここではＶＶＶＦインバータ制御＋誘導電動機も組み込まれ、国鉄型とは大きく進化している。

平成時代の実用化気動車としてトップを切ったのは、平成19（２００７）年に小海線で営業運転を開始したキハＥ２００形だった。ディーゼルエンジンで発電、得られた電力で電動機を回すものだが、さらに蓄電池を組み合わせているのが特徴だ。電動機の電力は蓄電池からの供給を基本とし、加速時などは発電機からの電力も併用、さらに減速時は回生ブレーキも使用して蓄電する。こうして複数の動力源を組み合わせていることから、「ハ

JR東日本のハイブリッド式電気式気動車はキハE200形として誕生、小海線で運転を開始した

JR東日本の「リゾートしらかみ」として活躍するハイブリッド方式となる電気式気動車HB-E300系

交流、非電化、直流区間を直通するJR東日本の「仙石東北ライン」で活躍するハイブリッド式のHB-E210系

JR九州で開発されたハイブリッド式の電気式気動車YC1系。形式名の「YC」は「やさしい」「力持ち」をローマ字表記、頭文字をつなげたもの

JR東日本のGV-E400系は蓄電池を持たないシンプルな電気式気動車。新潟や秋田エリアから導入開始

GV-E400系のシステムを基本に北海道向けに耐寒性能などを強化して開発されたJR北海道のH100形

イブリッド車両」などと呼ばれ、さらに仙石東北ラインのＨＢ‐Ｅ２１０系、「リゾートしらかみ」などのＨＢ‐Ｅ３００系として量産されている。ＪＲ九州も平成30（２０１８）年にＹＣ１系を２両先行製造、今後非電化ローカル線に導入する予定だ。

ハイブリッド車両は省エネルギーからすると効果的な方式だが、蓄電池を搭載するため重量や製造費が増し、そのメンテナンスも必要になってくる。そこでシンプルにディーゼルエンジンで発電、得られた電力で電動機を回す構造とされたのが、ＪＲ東日本のＧＶ‐Ｅ４００系電気気動車だ。平成30（２０１８）年に量産先行車が登場、２０１９年度から新潟地区の羽越・信越本線など、さらには秋田地区にも導入していく予定だ。また、ＪＲ北海道でも平成19（２００７）年にハイブリッド車両を試作したが、最終的にコスト面などの判断によりＪＲ東日本ＧＶ‐Ｅ４００系に準じたＨ１００形の導入としている。

●蓄電池電車の開発も進む

蓄電池電車（蓄電池駆動電車）は、蓄電池の電力で電動機を回して走行するものだ。これも古くから実用化されたが、蓄電池の能力や重量の制約を受け、鉱山用などの小型機関車が多い。一般鉄道では昭和２（１９２７）年に製造された国鉄ＡＢ10形蓄電池機関車が有名だが、蓄電池電車は宮崎交通に昭和25（1950）年から導入された車両が嚆矢だろう。しかし、共に蓄電池の能力不足などがネックとなり、発展することはなかった。

ところが近年、蓄電池の小型化、高性能化が急速に進み、新たに脚光を浴びることになった。鉄道総合技術研究所では平成11（1999）年からおもに回生エネルギーの有効利用という視点で車両に蓄電池を搭載、数々の車両を試作研究している。

また、JR東日本では非電化路線に電車を走らせる発想から研究を重ね、EV-E301系電車を開発、平成26（2014）年から烏山線で営業運転を開始した。この車両は集電装置となるパンタグラフを搭載、電化区間では架線から得た電力で走行、なおかつ蓄電池に電力を溜めていく。非電化区間では蓄電池の電力で走行するが、さらに非電化区間でも回生ブレーキを使用、発生した電力を蓄電して有効利用するというものだ。架線および蓄電池の双方から電力を得るため、これもハイブリッド式と呼べる。

EV-E301系は直流電車だったが、平成29（2017）年にはEV-E801系交流電車を男鹿線に導入している。これに先駆け、JR九州は非電化区間での運用に向けてBEC819系交流電車を開発、平成28（2016）年から電化・非電化区間が混在する筑豊本線で営業運転を開始している。

烏山線などで活躍するJR東日本の蓄電池駆動電車EV-E301系（直流用）

蓄電池駆動電車システムの開発に向けて試作されたJR東日本E995系電車

交流区間向けに開発されたJR東日本の蓄電池駆動電車EV-E801系。男鹿線で運転を開始した

JR九州の蓄電池電車BEC819系は交流区間対応で開発。筑豊本線で運転中

平成18年にはJR西日本の223系をベースに製作した車両にリチウムイオン電池を搭載して蓄電池電車の試験が行なわれた

平成19年に鉄道総合技術研究所で開発されたLH02形。架線と蓄電池から動力を得るハイブリッド電車だ

自然災害と闘った平成の鉄道

●災害を糧により強く安全な鉄道をめざす

平成の自然災害といえば、平成23（2011）年3月11日に未曾有の規模で発生した「東日本大震災」がすぐ思い浮かぶが、それ以外にも大規模な災害を引き起こした事象が数多くある。鉄道にも大きな被害のおよんだものは平成3（1991）年の「普賢岳噴火」、平成7（1995）年1月17日の「阪神・淡路大震災」、平成12（2000）年の「有珠山噴火」、平成16（2004）年10月23日の「新潟県中越地震」、平成17（2005）年8月の「台風第14号」、平成28（2016）年4月の「熊本地震」、平成29（2017）年の「平成29年7月九州北部豪雨」、平成30（2018）年の「平成30年7月豪雨」、同年9月6日の「北海道胆振《いぶり》東部地震」などがあった。

近年、気象災害については「計画運休」の措置もとられ、被害拡大の防止をはかるようになってきたが、その判断は極めて難しい。そして、さらに対策の難しいのは震災だ。

阪神・淡路大震災は、日本で初めて震度7を観測した地震で、しかも都市直下型だったため、鉄道も甚大な被害を受けている。神戸市内を中心にJR・私鉄の多くの路線が不通となった。

新潟県中越地震では上越新幹線浦佐～長岡間をおよそ時速200キロで走行中だった「とき325号」が脱線した。これは新幹線の営業列車では初めての脱線だったが、早期地震検知警報システム「ユレダス」による非常ブレーキがかかり、転覆に至らず停車、人的被害はなかった。

阪神・淡路大震災および新潟県中越地震を教訓に、国土交通省では鉄道をはじめとする土木構造物の耐震強度基準を強化、既存構造部では耐震補強が進められた。また、地震検知警報システムでは「初期の小さな地震波を検知、変電所から列車への送電を自動的に停止、列車の非常ブレーキを動作させるシステム」を開発、全新幹線に導入している。さらに上越新幹線の脱線を踏まえ、脱線しても線路上から大きくはみ出すことを防止する装置も開発され、ＪＲ東日本では平成20（２００８）年までに設置を完了している。

東日本大震災の際、東北新幹線では時速２７０キロ走行していた列車もあったが、こうしたシステムにより現場の震度基準値を超える十数秒前に非常ブレーキがかかって停止している。唯一、仙台駅構内を走行中だった試運転列車に脱線があったが、これも時速70キロほどに減速しており、車両が線路から大きく逸脱することはなかった。

なお、熊本地震でも九州新幹線回送列車の脱線があったが、これは線路上の脱線防止ガードおよび車両側の逸脱防止ストッパが未設置だった。その後のシミュレーションで仮に設置されていれば脱線に至らなかった可能性も示唆され、平成29（２０１７）年までに必要な対策が講じられている。

なお、鉄道総合技術研究所では地震検知警報システムの精度をさらに高める開発を行ない、平成30（２０１８）年度中に全新幹線に導入している。

東日本大震災ではJR貨物が多くの臨時列車を運転、燃料輸送にあたった

新潟県中越地震では上越新幹線を営業運転中だった200系が脱線した

平成29年7月九州北部豪雨で被災した久大本線は平成30年7月に復旧

東日本大震災で被災したJR東日本の気仙沼線はBRT方式で運行を再開

阪神・淡路大震災では兵庫県南部に多大な被害が出た。写真は六甲道駅

第３章

拡がるネットワークと新しい鉄道の姿

変貌を遂げた鉄道網①
——上野東京ライン開業までの道のり【首都圏編】

●「湘南新宿ライン」など新しい運行系統の誕生

平成時代は、車両の刷新に留まらず、鉄道そのもののネットワークも大きく姿を変えている。そこには新線建設もあるが、既存の施設をうまく活用、あるいは改良することで、より利便性の高い輸送をめざす手法が試みられている。

まず、首都圏のJR線で見てみると、平成2(1990)年3月に京葉線東京〜新木場間が開業、これにより同線は全通を果たした。沿線にある東京ディズニーリゾート、あるいは前年に開業したばかりの幕張メッセへの足となるだけではなく、東京駅発着の武蔵野線直通列車も設定され、同線沿線の利便性が大きく向上した。さらに翌年からは東京駅発着の房総方面への特急ルートにもなっている。

平成3(1991)年にも動きがあり、まず3月に成田空港駅が開業、特急「成田エクスプレス」など新たな空港アクセスルートが完成した。これは国鉄時代に工事中断となっていた成田新幹線の用地を活用、成田線の成田分岐点〜成田空港間を成田空港高速鉄道として開業したもの。ＪＲ東日本は京成電鉄と共にこの路線に乗り入れる形で運行している。

そして6月には東北新幹線の東京〜上野間が開通、東北・上越新幹線が東京駅発着で運転を開始、列車乗り換えとなるものの東海道・山陽新幹線との連絡が大きく改善された。

大崎〜田端間で山手線と並行する通称〝山手貨物線〟の活用も活発になってきた。国鉄晩年の昭和61（１９８６）年、埼京線が同線に乗り入れ新宿駅発着となり、さらに昭和63（１９８８）年には東北・高崎線中距離電車に池袋駅発着、東海道本線「湘南ライナー」にも新宿駅発着の「湘南新宿ライナー」が設定された。その後、渋谷および恵比寿駅の旅客ホームが新設され、平成８（１９９６）年3月には埼京線が恵比寿駅まで延伸している。

こうして山手貨物線を旅客線として活用する整備が進められ、平成13（２００１）年12月から「湘南新宿ライン」という新たな運行系統が誕生した。これは東京駅および上野駅をターミナルとして放射状に運転されていた首都圏の中距離電車（東海道本線・横須賀線・東北本線・高崎線）を、池袋・新宿・渋谷の副都心経由で相互に直通運転させるものだ。山手線の混雑緩和という意味もあったが、新たな需要を誘発することにもなった。

さらに平成14（２００２）年12月には埼京線が大崎まで延伸、りんかい線との相互直通

平成25年に高架化された浦和駅の工事は、本線を移動して行なう用地確保から始まった（平成15年）

中央本線の三鷹〜国分寺間・国立〜立川間連続立体化は20年近い工期で平成26年に完成（平成17年）

田町〜品川間の新駅「高輪ゲートウェイ」は2020年春開業予定

工事中の「上野東京ライン」。高架の重層化が始まっている（平成23年）

平成13年12月1日、「湘南新宿ライン」の運転が始まった

運転も開始。また、平成16（２００４）年6月には池袋駅北側で埼京線と山手貨物線の立体交差化が完成、湘南新宿ラインの運行本数が大きく拡大されている。

そして平成27（２０１５）年3月には「上野東京ライン」が完成する。東京駅および上野駅は湘南新宿ライン開業後も大半の中距離電車のターミナルとして運行していたが、この間に新線を建設して直結、直通運転としたのだ。また、常磐線の特急や中距離電車も一部が上野東京ライン経由で品川駅発着となり、乗客の流れが大きく変わった。上野東京ライン開業当初、東京駅や上野駅から始発となる中距離電車で帰宅していた通勤客から着席しにくくなったという声も聞かれたが、時間が経つにつれ落ち着いてきたようだ。

なお、上野東京ラインの開業は車両運用の点でも大きな改革をもたらした。車両基地は一般的に折り返し駅のそばに設けるのが効率的とされているが、直通運転によって折り返し駅が中間駅と変わり、その分の基地が合理化されることになった。かくして田町〜品川間の車両基地（田町車両センター）が廃止され、都心部に広大な用地が誕生した。これは都市の再開発に活用され、ここには山手・京浜東北線の新駅（高輪ゲートウェイ）も設置されることになった。現在、建設工事が進められており、２０２０年には仮開業予定だ。

このほか、東北本線の栗橋駅で東武鉄道との直通運転を可能にし、平成18（２００６）

年3月から新宿〜東武日光間で特急「日光」「きぬがわ」「スペーシアきぬがわ」といったJR東日本と東武の相互直通列車も設定している。

●地下鉄新線開業で私鉄間ネットワークが強化

鉄道ネットワークの変貌という視点でとらえると、私鉄の場合は地下鉄との直通運転で利便性を大きく拡大している。

平成6（1994）年12月、営団地下鉄（現東京メトロ）有楽町線新線の小竹向原〜新線池袋（現池袋駅）間および西武有楽町線新桜台〜練馬間が同時に開業、有楽町線が練馬駅まで直通運転するようになった。西武有楽町線は当初単線だったが、平成10（1998）年3月には全線複線化された。このとき、有楽町線と西武池袋線との相互直通運転も始まり、新木場〜飯能《はんのう》間の列車が登場している。

平成8（1996）年4月に東葉高速鉄道が開業。当初から営団地下鉄東西線との相互直通運転を行ない、東葉勝田台〜中野間運転で千葉県西部と都心を直結した。

平成12（2000）年9月には営団地下鉄の南北線が全通、目黒駅を接点として東急目黒線と相互直通運転を開始した。また、南北線の目黒〜白金高輪間（2.3キロ）は東京

建設工事中の「つくばエクスプレス」こと首都圏新都市鉄道（平成15年）

東急東横線横浜～桜木町間は平成16年2月1日からみなとみらい線に切り替え。廃止区間の撤去工事はJR東海道本線を跨ぐ橋梁撤去が大変だった（平成16年9月24日）

平成30年に完成した小田急電鉄の代々木上原～登戸間複々線化工事の様子（平成21年）

京急は羽田空港へのアクセスをスムースにするため、京急蒲田駅周辺を平成24年までに高架化した（平成21年）

平成22年の羽田空港の国際線ターミナル開業に合わせて京急新駅も誕生

平成22年7月1日、成田スカイアクセスが開業、新型AE形が登場した

都交通局とも共用（営団が第一種鉄道事業者、東京都が第二種）するかたちで、こちらは三田線となっている。都営三田線も東急目黒線と相互直通運転している。なお、翌年3月には埼玉高速鉄道も開業、合わせて相互直通運転を行なっている。なお、平成12年12月12日には都営大江戸線が全通した。

平成15（2003）年3月には営団地下鉄半蔵門線が全通、同線を通じて東急田園都市線、東武伊勢崎・日光線と相互直通運転を開始した。直通区間は最長で中央林間～南栗橋間98・5キロとなり、当時は地下鉄経由の直通運転最長と話題になった。

平成20（2008）年6月には東京メトロ副都心線が開業、当線と東武東上線・西武有楽町線・西武池袋線との相互直通運転が始まった。このとき、有楽町線新線は副都心線に編入され、副都心線は小竹向原～渋谷間となった。さらに平成25（2013）年3月には東急東横線渋谷駅の地下化が完成、同時に副都心線との直通運転も始まっている。また、平成16（2004）年2月には、東急東横線と直通する横浜高速鉄道みなとみらい線が開通しており、東武東上線の森林公園～みなとみらい線元町・中華街間、あるいは西武池袋線の飯能～元町・中華街間を結ぶ列車が運転されるようになった。

このほか、首都圏の新規開業路線としては、平成17（2005）年8月開業の「つくばエクスプレス（ＴＸ）」こと首都圏新都市鉄道が筆頭にあがるだろう。当初は国鉄常磐線を補う〝常磐新線〟として計画されたが、最終的に第三セクター方式で会社が設立され、秋葉原〜つくば間58・３キロを結ぶ鉄道として誕生した。さらに、平成22（２０１０）年7月には成田高速鉄道アクセスが開業、京成の「成田スカイアクセス」の一部に組み込まれた。ここでは特急「スカイライナー」が時速１６０キロ運転を実施、現在では新幹線をのぞくと最も速い運転となっている。

また、東急東横線の田園調布〜日吉間（平成20年竣工）、小田急線の代々木上原〜登戸間（平成30年竣工）の複々線化なども輸送力増強に大きな効果をもたらしている。

●ＡＧＴやモノレールの新線も誕生

昭和末期、新たな都市交通の模索として「新交通システム」が誕生した。今ではＡＧＴ（自動案内軌条式旅客輸送システム）と呼ばれることが多く、首都圏では平成元（１９８９）年に金沢シーサイドライン（会社名は横浜シーサイドライン）、平成7（１９９５）年にゆりかもめ、平成20（２００８）年に東京都交通局の日暮里・舎人《とねり》ライナーが開通している。このほか、平成10（１９９８）年には多摩都市モノレールも開業している。

平成12年12月12日、都営地下鉄大江戸線が全通した。この地下鉄は「12号線」として計画されていたことから、開業は「12」並びの日が選ばれた

東京都交通局も平成20年から新交通システムの「日暮里・舎人ライナー」を運行している

東京の臨海部を走る新交通システムの「ゆりかもめ」

平成22年10月21日の羽田空港国際線ターミナル開業の際、東京モノレールにも新駅が設置された

平成12年9月に営団南北線が全通、都営三田線と共に東急目黒線との相互直通運転を開始

平成20年6月14日、東京メトロ副都心線が開通した。前日の6月13日には新宿三丁目駅で開業式典が開催された

変貌を遂げた鉄道網②
——おおさか東線開業までの道のり【中京・関西圏編】

●名古屋市では日本初の環状運転地下鉄も誕生

中京エリアで新時代を感じさせたのは、平成元（１９８９）年7月、「金山総合駅」とも呼ばれる金山駅の誕生だった。これはＪＲ東海の中央本線金山駅に東海道本線のホームを増設（東海道本線にとっては熱田～名古屋間に駅を新設）、名古屋鉄道の金山橋駅も移転させて新たなターミナルとして整備するものだった。名古屋市営地下鉄２号線（名城線）の金山駅もあり、乗り換えの利便性が大きく向上したのである。

計画そのものは戦後すぐに立案されていたが、さまざまな理由で動きが鈍く、同年夏の「世界デザイン博覧会」開催をきっかけに一気に開業までこぎ着けたものだ。

鉄道ネットワークとしては、名古屋市営地下鉄の整備が大きい。平成５（１９９３）年8月の鶴舞線全通を機に名鉄犬山線と、そして平成15（２００３）年3月の上飯田線開業で名鉄小牧線との相互直通運転が始まった。さらに平成16（２００４）年10月には4号線が全通、２号線と合わせて名城線と呼び、環状運転が始まった。都営地下鉄大江戸線も「環状」と呼ばれるが、運行の実態は往復運転。名城線が日本初の地下鉄環状線だ。

このほかの新線としては貨物線を全面改良して開業した「あおなみ線」こと名古屋臨海高速鉄道、中部国際空港アクセス向けに常滑〜中部国際空港間で新設された名鉄空港線がある。共に平成16（２００４）年10月に運行を開始しているが、名鉄空港線は空港開港前だったため当初は利用を関係者に限定、翌年１月から一般も利用できるようになった。

また、平成17（２００５）年の通称「愛知万博」を機に誕生した「リニモ」こと愛知高速交通東部丘陵線も忘れられない。これは名古屋市営地下鉄東山線の終点となる藤が丘駅と会場を結んだ磁気浮上式鉄道（リニアモーターカー）である。万博終了後も沿線の足として継続され、日本初の常設磁気浮上式鉄道となっている。

●関西圏でも貨物線の旅客活用が進められた

関西圏では京阪神間の需要が高く、この間の鉄道路線はＪＲの前身となる国鉄、そして私鉄とも古くから整備が進んでいる。国鉄では「新快速」による速達輸送を売りの一つとしてきたが、これはＪＲ西日本にも引き継がれた。平成元（１９８９）年、同社初の新型

平成元年、金山駅はJR東海の東海道本線、中央本線、名古屋鉄道、名古屋市営地下鉄相互の乗り換えの便をはかった「金山総合駅」に生まれ変わった

平成5年には名古屋市営地下鉄鶴舞線の全通で名鉄犬山線との相互直通運転も開始

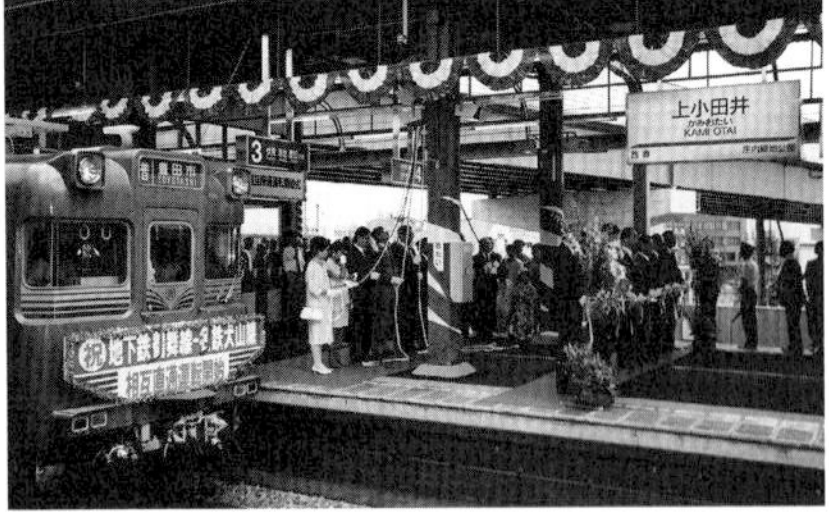

鶴舞線全通の平成5年8月12日には上小田井駅などで記念式典も開催された

中部国際空港アクセスの名鉄空港線は空港開港前の平成16年10月から仮営業された

名古屋臨海高速鉄道あおなみ線を走る1000形。この路線は現在も貨物線としても使用中

磁気浮上式鉄道「リニモ」は愛知万博終了後も運転を継続中

車両として登場したのは「新快速」向けの221系。その後も「新快速」には223系、225系と後継車両が次々と開発投入され、その運行エリアは大きく拡がっている。

いっぽう、旧国鉄の関西圏には近代化の遅れていた路線も多く、その改良はJR西日本に引き継がれた。たとえば、京都駅を起点とする山陰本線は、都市部を走るものの大半が非電化だった。まず、平成元年3月に嵯峨（現嵯峨嵐山）〜馬堀間を複線の新線に切り替え、翌年3月に京都〜園部間を電化。さらに平成7（1995）年4月に綾部〜福知山間、翌年3月に園部〜綾部間も電化して、山陰本線京都口の近代化を進めた。こうして、のちに「北近畿ビッグXネットワーク」と呼ばれる電車特急運転の基盤が整備されていった。

また、平成9（1997）年3月には片町線の京橋駅から尼崎駅に通じるJR東西線が開業した。線路施設は関西高速鉄道が第三種鉄道事業者として管理、JR西日本が第二種鉄道事業者として運行する形だ。JR東西線は片町線と直通運転、尼崎からは一部列車を除いて東海道本線や福知山線にも直通する。

阪神電気鉄道も平成21（2009）年に西大阪線を近鉄難波（阪神なんば線開業で現在の大阪難波に改称）まで延伸するかたちで阪神なんば線を完成させ、近鉄奈良線との相互直通運転を開始した。これにより神戸三宮〜近鉄奈良間が乗り換えなしで移動できるようになった。こうしてＪＲと私鉄で大阪市内を経由する新たな東西連絡ルートがつくられた。

また、貨物線の旅客活用も進められ、まず新大阪駅と大阪環状線の西九条駅を結ぶ通称〝梅田貨物線〟が旅客運転できるように改修された。これは昭和63（１９８８）年から「なら・シルクロード博覧会」アクセスの臨時列車で運転を開始、平成元年７月からは天王寺発着で運転されていた特急「くろしお」を新大阪駅や京都駅まで延長運転するようになった。平成６（１９９４）年の関西国際空港開業で誕生した特急「はるか」もこのルートを利用している。

JR東西線の開業に伴って行なわれた京橋駅付近の線路切り替え工事（平成９年）

さらに大阪東部を南北に結ぶ〝城東貨物線〟の活用も始まり、平成20（２００８）年３月から放出《はなてん》〜久宝寺間をおおさか東線として旅客運転を開始。平成31（２０１９）年３月には新大阪〜放出間も開通、これにより新大阪〜奈良間の直通快速も設定され、新大阪駅と関西本線方面の移動が大きく時間短縮されている。この路線は大阪外環状鉄道が第三種鉄道事業者として管理、ＪＲ西日本が第二種鉄道事業者として運行している。

平成31年には“城東貨物線”を旅客線に活用する、おおさか東線が全通

平成元年、京阪の鴨東線が開通、出町柳駅まで直通するようになった

平成9年には京都市営地下鉄東西線が開通し50系電車で運転。京阪京津線の電車も乗り入れた

平成9年3月、大阪市内を抜けるJR東西線が開通、片町線と尼崎以遠の直通運転が始まった

平成元年にデビューした221系は東海道・山陽本線の「新快速」などから活躍を開始、その後、運転範囲を拡大

平成21年の阪神なんば線開通で、阪神と近鉄の相互直通運転が始まった

平成13年3月1日、桜島線にユニバーサルシティ駅が誕生。大阪環状線に直通するシャトル列車の運転も始まった

通勤電車の革新
――時代のニーズに応えて「より快適」になった一般型車両

●通勤用車両も平成時代に大きく様変わり

平成という時代は、ＪＲ・私鉄などの通勤用車両も大きく変化している。すでに本書の随所で触れているが、鉄道車両の耐用命数（耐用年数）は物理的な劣化、経済性、そして陳腐性などから判断され、近年の車両ではおよそ20～30年といわれており、30年以上続いた平成のなかには変化時期の必然性があった。

さらにＶＶＶＦインバータ制御による交流誘導電動機、軽量車体構造、ボルスタレス台車など、さまざまな鉄道技術が急速に発展、それらの実用化も新型車両開発に拍車をかけた。また、新たなサービスをめざして、開発・導入された車両も多い。

かくして利用者、愛好者の視点で見ても興味深い新型車両が数多く誕生したのである。

●JR東日本で躍進した2階建て車両

平成時代に活躍の場を大きく増やした鉄道車両の一つとして「2階建て車両」がある。これは客室の床面積を拡げて座席数を増やす、さらには眺望性を高めるというメリットがあり、欧米諸国ではかなり早い時期から導入されている。

日本では後者の眺望性という視点から明治37（1904）年に大阪市電で導入されたものを嚆矢とするが、一般の鉄道では昭和33（1958）年に誕生した近畿日本鉄道の「ビスタカー」で、現在にもそのサービスが引き継がれている。さらに眺望性で見ていくと、国鉄晩年の昭和60（1985）年に東海道・山陽新幹線向けとして開発された100系にも2階建て車両が導入されていた。平成に入ってからは、JR北海道キハ183系、JR東日本200系、251系、JR東海371系、小田急電鉄20000形、京阪電気鉄道8000系、JR四国5000系などに拡がっている。

いっぽう、座席数確保という視点では昭和37（1962）年に近鉄の20100系「あおぞら」が団体向けに開発され、現在の20000系「楽」にもその流れが読み取れる。

もっとも通勤用車両の座席数確保となると、これは平成時代からとなる。

JR東日本の運営となった首都圏のJR在来線は、通勤・通学需要が極めて高く、国鉄

113系に組み込まれた2階建てグリーン車サロ124形。のちにサロ213形に改造されて211系に組み込まれた

サロ124形の2階席。車両限界の制約から窓ガラスが屋根に向かって曲面となっている

東海道本線ではグリーン車の需要が多く、2階建てグリーン車を2両組み込む211系編成も登場（平成20年）

平成4年には全車両を2階建て構造（両端先頭車両の1階は機器室）とした215系も登場

平成2年、山手線に乗降時間短縮を狙った6扉車（サハ204形）が登場。この車両では座席がジャンプシートとなり、混雑時は座席なしとなった

6扉車は山手線のほか、京浜東北線（写真。サハ208形）、横浜線、中央・総武緩行線などにも導入された

時代から慢性的な混雑が問題となっていた。国鉄ではいわゆる「五方面作戦」を展開、抜本的な対策に取り組み、その多くは国鉄晩年までに形をなしていた。JR東日本はそれを元にさらなるブラッシュアップに取り組んだのである。

東海道本線東京口で運行されている列車にはグリーン車が2両組み込まれていたが、需要が多く対応困難になっていた。しかし、グリーン車を3両とするためには普通車を1両減らさねばならず、今度はこちらの混雑度が増す。そこでグリーン車を2階建て構造にして座席数を増やすアイディアが生まれた。当時の東海道本線は113系および211系で運行されており、専用のサロ124形・サロ125形、サロ212形・サロ213形が開発され平成元(1989)年から導入されている。113系の平屋構造グリーン車はさまざまなタイプがあり定員も異なるが、標準的なサロ111形は64名、サロ124形・サロ125形は共に90名で、約1.5倍の輸送力となった。

平成3(1991)年には常磐線向けの2階建て普通車クハ415−1901も登場した。これは1両の試作に留まったが、翌年には両先頭車を除く全車両を2階建て構造とした215系が製造された。これは東海道本線を中心に使用され、週末には眺望性を活かして観光向けの臨時列車にも活用されている。その後、JR東日本では113系・211系の後継としてE217系・E231系・E233系・E531系を開発導入しているが、ここに組み込まれるグリーン車も2階建てとなっている。

なお、新幹線の「Max」シリーズE1系・E4系、寝台特急「サンライズ出雲・瀬戸」285系、「カシオペア」E26系客車も同様に座席数（部屋数）確保という視点が大きい。

●乗降をスムースにする工夫　多扉とワイドドア

通勤輸送に求められる、大量の乗客をよりスムーズにさばき、所要時間短縮をめざすには、電車への乗降のしやすさの追求も必要だ。ここでは、出入り口を増やすこと、出入り口を拡げることなどが試みられた。

JRの20m級通勤用車両は従来4扉が標準だったが、JR東日本は6扉に増やした車両（サハ204形）を開発、平成2（1990）年から混雑のひどい山手線で試用、翌年にはこれを組み込み11両化された。相応の効果をあげ、京浜東北線、横浜線などにも6扉車が導入された。なお、6扉車は当然のことながら座席数が少なく、さらにラッシュ時はその座席も折りたたんで立ち席スペースを拡大したため、当初は乗客の不評を買った。

なお、JR東日本に続くように東武鉄道や東京急行電鉄、営団地下鉄（現東京メトロ）

平成5年登場のJR東日本の209系は「重量半分、価格半分、寿命半分」というコンセプトで同社通勤形電車の新たな方向性を示した

平成12年には通勤形と近郊形のシステムなどを共通化することで開発コスト低減をめざしたE231系が誕生、平成14年には山手線用の500番代(写真)も登場した

平成元年に誕生したJR九州の811系。車体は軽量ステンレスとして全体的な軽量化をめざした

平成元年導入のJR西日本221系は東海道・山陽本線「新快速」、関西本線「大和路快速」の主力として活躍した

平成17年から東海道・山陽本線の各駅停車などで活躍を開始したJR西日本の321系。当時の最新技術を盛り込み、意欲的に開発された車両

平成11年に登場したJR東海の近郊形313系。導入路線に合わせた仕様調整が行なわれており、バリエーションが多い

でもこうした多扉車を導入したが、現在はほぼ終息している。実は平成18（2006）年に施行された、いわゆる「バリアフリー新法」などへの対策もあり、鉄道各社でホームドアの導入が進められるようになった。その際、多扉車に対応するホームドアの開発が難しいこともあり、結果としてJR・私鉄各社とも引退となったのだ。

出入り口の拡大は一般に「ワイドドア」と呼ばれている。一般的な20m級通勤用4扉電車では、両開きで開口部1300ミリぐらいが標準となっている。これに対して小田急電鉄は平成2（1990）年に登場した1000形増備車で2000ミリ、翌年には営団地下鉄の東西線用05系増備車でも1800ミリというワイドドアが導入された。その後、横浜市営地下鉄3000形などでも試用された。

小田急の場合、ドアが広いため逆に車内に滞留が生じ、全体的な流動が悪いと判断され、後継の2000形では1600ミリとし、1000形も同様に改造されている。また、営団ではドア開閉にかかる時間が増え、そこでの駆け込み乗車も発生して悪影響があると判断され、のちに15000系で採用されたが積極的な導入には至らなかった。

●さらなる省エネルギー化をめざして

昭和後期のオイルショックを契機として鉄道の省エネルギー化の研究が進んだ。

これはいろいろな技術の積み重ねとなるが、一つは車両の軽量化だ。車両が軽ければ加速時に要するエネルギーも少なくて済む。そこで従来普通鋼でつくられていた車体はアルミ合金やステンレス合金製となった。私鉄では１９６０年代から導入されているが、国鉄では最末期に本格導入され、それがＪＲ各社に引き継がれた。また、台車も車体重量としては高い比率を占め、ここでは空気バネの開発と普及もあり、ボルスタレス台車が完成した。昭和晩年から広く採用されるようになり、その後の台車標準構造となっていった。

また、電車のような電気車両では制御システムも省エネルギーに大きく関わってくる。従来は抵抗により電動機の回転を制御していたが、このとき、不要な電力は抵抗で熱に変換して放出されていた。つまり捨てていたのである。その後、半導体によるパワーエレクトロニクスの発展により、１９７０年前後からチョッパ制御が実用化された。電気を切り刻むように制御するため、この名称がある。減速時には回生ブレーキとして電力を再利用することも可能だったが、装置の価格が高額となった。

そこで電動機の界磁を調整することでトルク操作する界磁位相制御や界磁添加励磁制御

JR東日本ではE231系をさらに進化させたE233系も平成18年に登場

平成13年、省エネを極めるかたちで開発されたJR九州の817系

平成24年、札幌都市圏の輸送力強化用に開発されたJR北海道の733系。731系を基本にバリアフリー化などを強化

平成27年、山手線でデビューしたJR東日本のE235系。E233系の次世代を担うべく多くの新機軸が導入された

221系、223系の後継として平成22年から導入されたJR西日本225系

大阪環状線の改革をめざして平成28年から導入が始まったJR西日本の323系

も開発される。これも回生ブレーキが可能で、省エネルギー化が進んだ。

いずれの方式も従来からの直流電動機を使っており、それ自体は完成した技術だったが、電動機のメンテナンスに手間がかかるため、小型で出力も大きな交流電動機の実用化が進められる。こうして完成したのがＶＶＶＦ（可変電圧・可変周波数）インバータ制御と誘導電動機（交流電動機）を組み合わせたシステムだ。回生ブレーキも可能で、さらに小型・高出力ということで車両の軽量化にもつながる。また、誘導電動機の場合、メンテナンスにかかる手間は直流電動機に比べて皆無に近く、ここでも大きな進歩となった。

昭和57（１９８２）年、熊本市交通局８２００形に使用されたのを皮切りに、私鉄各社で試験的な導入が始まり、一般鉄道の新造量産車両では翌年に登場した新京成電鉄８８００形あたりが最初だった。発足当時のＪＲ各社は国鉄型電車標準の界磁添加励磁制御を踏襲していたが、平成２（１９９０）年にＪＲ北海道の特急用７８５系がＪＲ初のＶＶＶＦ車として誕生、ＪＲ四国７０００系、ＪＲ西日本２０７系、ＪＲ東日本２０９系、ＪＲ九州８１３系、そしてＪＲ東海３８３系と続いた。

なお、ＪＲ東日本の２０９系は「重量半分、価格半分、寿命半分」というコンセプトで車体や台車構造なども大きく見直し、ＪＲ東日本通勤用電車の新たな方向性をつくった。

●ゆとりある通勤利用をめざして

通勤用に使われる車両は、多くの乗客を効率的に運ぶため、座席はロングシートを基本に立ち席スペースを広くとっている。しかし、ある程度の距離を利用するときロングシートでは辛いため、前後方向に向かって座わるクロスシートも組み合わせたセミクロスシートも使われている。国鉄時代は中距離利用を近郊形としてこれが標準となっていた。

これに一石を投じたのが、国鉄時代に開発された「新快速」向けの１１７系だった。転換クロスシートを使い、乗客に〝ゆとり〟を提供した。これは平成元（１９８９）年に誕生したＪＲ西日本の新快速向け２２１系などにも踏襲されている。

ただし、クロスシートは混雑時の運用には不向きで、平成８（１９９６）年には近畿日本鉄道で「Ｌ／Ｃカー」と呼ばれるロングシートとクロスシートを転換できるデュアルシート（マルチシートとも呼ばれる）車両を試作、翌年から本格導入した。デュアルシートは国鉄などでも試用されていたが、量産は近鉄が最初だ。首都圏では平成20（２００８）年に東武鉄道５００９０型として誕生、座席定員制の「ＴＪライナー」などとして活用されたのを皮切りに、平成29（２０１７）年からは西武鉄道４００００系、京王電鉄５０００系などが誕生。いずれも通勤ライナーのようなサービスを展開している。

ロング・クロスのデュアルシート機構を組み込んだ西武鉄道40000系

東武50090型はロングシート（上）とクロスシート（下）に転換する

東武鉄道もデュアルシート機構の50090型を開発。東上線でクロスシート時は「TJライナー」と平成31年3月16日運転開始の「川越特急」に、ロングシート時は一般列車として活用している

首都圏私鉄では平成4年から運転している「京急ウイング号」あたりが有料通勤列車の嚆矢。平成10年には2100形も登場

京王電鉄もデュアルシートの5000系を導入、「京王ライナー」として運転

東急では平成30年から編成中の1両をデュアルシートとして有料座席指定の大井町線「Q SEAT」で運転している

変わりゆく都市交通
——路面電車・リニア地下鉄・モノレール・新交通システム

●LRTをめざす路面電車

路面電車は、自動車交通の妨げになるとして昭和期に急減したが、排気ガスを出さずに環境に優しい乗り物として見直す動きも出てきた。時代の流れに翻弄されながらも辛うじて継続していた路面電車では、より使いやすい都市交通をめざすアプローチが始まった。

一つはバリアフリー化だった。ここでは欧米で進化していた技術を参考に平成9（1997）年に熊本市交通局で超低床式9700形が導入された。その後、低床式あるいは超低床式車両は国内でも開発、北は札幌から南は鹿児島まで全国各地で活躍中だ。

また、廃止が続いていた路線も豊橋鉄道、万葉線などで延伸され、ほかの鉄道との接続が配慮された。さらに札幌市電ではC字形の路線を環状につなぎ、利便性が高められている。このほか、平成18（2006）年にはLRTとしてさらなるステップアップをはかった富山ライトレールが誕生、次世代には宇都宮市などで導入が計画されている。

●リニアモーターを使うリニア地下鉄

リニアモーターカーといえば、中央新幹線のような超高速鉄道をイメージするが、「リニアモーター」そのものは回転ではなく、直線運動を基本とするモーターのことだ。この技術を使って開発されたのが、「リニア地下鉄」である。走行システムをコンパクトな構成にできるため、従来の地下鉄よりトンネル断面を小型化することが可能で、これにより建設費を抑えられる長所がある。ここから「ミニ地下鉄」と呼ぶこともある。

札幌市交通局の運営する市電は平成27年に延伸を果たして環状運転するようになった

最初に実用化されたのは、平成2（1990）年に開業した大阪市営地下鉄（現大阪市高速電気軌道Osaka Metro）の鶴見緑地線（現長堀鶴見緑地線）だ。続いて翌年には都営地下鉄の大江戸線も一部区間で開業している。さらに平成13（2001）年には神戸市営地下鉄の海岸線、平成17（2005）年には福岡市営地下鉄の七隈線、平成18（2006）年には大阪市営地下鉄の今里筋線、平成20（2008）年には横浜市営地下鉄グリーンライン、平成27（2015）年には仙台市営地下鉄東西線も開業した。

広島電鉄では連接車両（写真は3950形）を積極的に導入、輸送力を強化している。また、超低床式も増えている

平成9年、熊本市交通局に超低床式の9700形が導入され、日本の超低床式電車の幕開けとなった

平成18年、JR西日本の富山港線を改装するかたちで誕生した富山ライトレール。新しいLRTの姿を見せた

四国の伊予鉄道松山市内線では平成14年のモハ2100形から超低床式電車の導入が始まった

豊橋鉄道の市内線（東田本線）は平成10年に豊橋駅前広場まで線路を延伸、乗り換えの利便性を向上させた

鹿児島市交通局では国産初の超低床式路面電車となる1000形を導入、平成14年から運転を開始した

●平成時代に花開いたモノレール

モノレールは、1本の走行路に跨ったり（跨座式）、ぶら下がって（懸垂式）運行される鉄道だ。急曲線や急勾配に対応しやすく、輸送力としては地下鉄ほどではないが、バスでは対応できないほどの需要のある区間に向いている。日本の本格的な都市交通としては昭和39（1964）年に誕生した東京モノレールが最初だが、導入は伸びなかった。昭和47年には「都市モノレールの整備の促進に関する法律」が施行され、都市交通としての法的整備も整ったが、大きく花開くのは平成時代だ。法律の施行後の開業は、昭和末期の北九州高速鉄道と千葉都市モノレール、平成2（1990）年の大阪高速鉄道、平成10（1998）年の多摩都市モノレールおよびスカイレールサービス、平成13（2001）年の「ディズニーリゾートライン」こと舞浜リゾートライン、そして平成15（2003）年の沖縄都市モノレールとなる。

●ＡＴＧ方式で発展した「新交通システム」

都市の新しい交通システムとしてさまざまな乗り物が研究開発されているが、日本では昭和晩年から自動案内軌条式旅客輸送システム（ＡＧＴ：Automated Guideway Transit）

が、その名も「新交通システム」として実用化された。広義な名称ゆえ、近年はＡＧＴと表記することも多い。ＡＧＴは小型軽量車両を用いるため、施設建設費を抑え、急曲線や急勾配にも強い。また、無人運転も可能だ。いっぽう、ゴムタイヤの負担過重制限や高架構造物の荷重制限のため、普通鉄道より車両の収容力は小さいといった短所もある。昭和期は神戸、大阪、埼玉などの導入に留まったが、平成に入って各地で使われるようになった。

平成元（１９８９）年に横浜新都市交通（現横浜シーサイドライン）が金沢シーサイドラインを開業した。続いて翌年には神戸新交通六甲アイランド線、さらにその後、桃花台《とうかだい》新交通（現廃止）、広島高速交通も開業している。平成７（１９９５）年には「ゆりかめ」も開業した。当時は東京臨海新交通という名称だったが、のち会社名も路線愛称のゆりかもめと改称している。平成9（１９９７）年には現在、大阪市高速電気軌道（Osaka Metro）として運行されているＯＴＳニュートラムも開業、先に開通していた大阪市営交通の南港ポートタウン線と相互直通運転となった。さらに平成20（２００８）年には東京都交通局の日暮里・舎人ライナーも開業している。

また、開業後の延伸もあり、現在は金沢シーサイドラインの金沢八景駅を京浜急行電鉄の駅に直結、乗り換えの利便性をはかる工事が進行中だ。

平成20年、リニア地下鉄として誕生した横浜市営地下鉄グリーンライン

神戸市営地下鉄海岸線は、日本で3番目のリニア地下鉄として平成13年に開業

平成2年、大阪市営地下鉄の鶴見緑地線（当時）が開業。日本で最初に実用化されたリニア地下鉄だった

平成27年に開業した仙台市営地下鉄東西線用に製造された2000系電車

ATG方式の広島高速交通は「アストラムライン」として親しまれている

金沢シーサイドラインは路線を延伸し、車両も新しい2000形に刷新した

昭和63年に開業した千葉都市モノレールは平成時代、数次にわたって延伸

平成15年には日本最南端の鉄道となる沖縄都市モノレールも開業した

平成10年に開業した多摩都市モノレール。多摩エリアを南北に結ぶ重要な交通機関となった

「大阪モノレール」として親しまれている大阪高速鉄道は平成2年の開業後、延伸を続け、現在も延伸路線の計画が進行している

新しい駅とサービス

――街のランドマークとなった駅と平成時代の鉄道サービス

●新しい駅の魅力を求めて

ＪＲグループの発足後、大きく変化したものの一つが「駅」だ。国鉄時代の駅は、鉄道を利用するための通過点という捉え方だったが、生活・文化・経済などの中心として見直しながらイメージアップを図ろうとしたのである。民鉄では当たり前のことだったが、国鉄では積極的な取り組みは少なかった。

新たな駅ビルや駅舎の建設は大事業となるが、駅長など駅管理者レベルで取り組めるものもある。最初は小さな規模で始まったサービスやイベントなども多い。象徴的な話題となったのは、東京駅の丸の内北口ドームで開催された「とうきょうエキコン」だ。作曲家の團伊玖磨氏の協力も得て始まった第１回はＪＲ発足間もない昭和62（１９８７）年７月だが、平成に続く人気コンサートイベントとなった。平成16（２００４）年からは「赤煉瓦コンサート」となり、駅舎復原事業で上野駅や仙台駅に引き継がれている。

東京駅では駅舎内に「東京ステーションギャラリー」が設けられているが、これもエキコン開始からほどなく始まった。ふだんは使われていない通路や空間を活用するアイディアから生まれている。共に当時の木下秀彰駅長が立ち上げている。

さらに平成10年代に入ると「エキナカ」「エチカ」といわれる事業も本格化した。これは駅構内を活用する新たな商業施設などの開設だ。昭和期は民鉄も含めて駅そばやキヨスクなどの小規模店舗が中心だったが、百貨店やスーパーのような施設に拡張していったのである。設置場所は改札内、改札外など駅の状態や鉄道会社によって異なる。利用者にとって利便性が増したが、そのいっぽう、駅周辺の既存商業施設などと競合や軋轢も生じ、訴訟に至ったケースもある。じつは鉄道用地は「公共交通機関の役割」ということから固定資産税が減額されており、そこでの商業活動は不公正という判断もあった。こうしたことから平成19（２００７）年には鉄道用地の固定資産税評価額基準が修正されている。

また、駅舎を改築して新たなイメージの元に利用促進をはかる例も多かった。これは小規模の駅に個性的なものが多く、木造《きづくり》（五能線）、磐城塙《いわきはなわ》（水郡線）、宝積寺《ほうしゃくじ》（東北本線）、深谷（高崎線）、東栄（飯田線）、亀甲《かめのこう》（津山線）、由布院（久大本線）など多くの例がある。これはＪＲ以外にもあり、上州富岡（上信電鉄）、高尾山口（京王電鉄）、そして新築

飯田線東栄駅の駅舎は地元の「花祭」で使用される「鬼面」をモチーフにデザインされた

名古屋駅ビルとして誕生したJRセントラルタワーズ

JR四国の高松駅は、宇高連絡船廃止後に駅周辺が再開発され、平成13年には4代目となる駅舎も竣工した

大阪駅は周辺と共に再開発され平成23年に「大阪ステーションシティ」としてグランドオープン。駅全体を覆う巨大な屋根が印象的だ

平成9年に完成した京都駅ビルの烏丸中央口は高さ50mの巨大な吹き抜けとなっている

平成2年に改築されたJR九州の由布院駅。設計は地元大分県出身の建築家・磯崎新氏

となるが、くびき（北越急行）などが印象的だ。新幹線開業に合わせて改築される例も多く、北陸新幹線の金沢はおよそ駅とは思えぬ姿となった。また、赤湯（山形新幹線）や長野（北陸新幹線）あたりも類を見ないデザインとなっている。

このほかにも、再開発を兼ねた駅ビルの建設もあり、大規模なものとしては平成9（1997）年開業の「京都駅ビル」、平成11（1999）年に名古屋駅に開業した「JRセントラルタワーズ」、平成15（2003）年に札幌駅に開業した「JRタワー」、平成23（2011）年開業の「JR博多シティ」「大阪ステーションシティ」などがある。

●磁気乗車カードからICカード乗車券へ

きっぷの形態も平成時代に大きく様変わりした。

国鉄晩年の昭和60（1985）年に「オレンジカード」が登場した。これは磁気式プリペイドカードで、自動券売機できっぷを購入する際、その支払いに使えるものだった。国鉄の民営化時、オレンジカードはJRグループに継承され、前後して大手私鉄などで独自のカード（近鉄「パールカード」、営団「メトロカード」など）を発行するようになった。

平成3（1991）年にはJR東日本でカードをそのまま乗車券として利用できる「イ

オカード」が使用されるようになった。一定区間を往復する定期券や回数券としては、すでに導入している鉄道やバスもあったが、これは任意の区間を乗車できるようにしたものだ。これも磁気式プリペイドカードの一種で、ストアードフェアというシステムだ。

また、平成４（１９９２）年には阪急電鉄に同様のサービスを行なう「ラガールスルー」が登場した。これは日本の民鉄初の導入で、阪急全駅の自動改札機で使えるものだった。首都圏も追って京浜急行電鉄「ルトランカード」などが誕生している。

その後、複数の会社で共通利用できる「パスネット」「スルッとＫＡＮＳＡＩ」「Ｊスルーカード」「ワイワイカード」などが登場、平成10年代初頭にかけて活用の場が一気に拡がった。

平成13（２００１）年にはＪＲ東日本にＩＣカード乗車券「Ｓｕｉｃａ」が登場した。機能的にはイオカードを踏襲するもので、当初は「Ｓｕｉｃａイオカード」と紹介されている。埼京線などでモニター使用を重ね、同年11月から東京近郊区間４２４駅でサービスを開始した。

このＩＣカード乗車券は、平成15（２００３）年にＪＲ西日本の「ＩＣＯＣＡ」、平成16（２００４）年には阪急など関西私鉄の一部による「ＰｉＴａＰａ」もサービスを開始している。その後、ＪＲ東海の「ＴＯＩＣＡ」、関東民鉄の「ＰＡＳＭＯ」、ＪＲ北海道の

JR東日本は平成16年から「Suicaグリーン券」のシステムも導入

JR東日本「イオカード」は平成2年から京葉線などでモニター試行され、翌年から本格導入

平成10年代になると「エキナカ」の導入も活発になった。写真は平成17年にオープンした「ecute（エキュート）大宮」

きっぷ券売機も進化を重ね、特急券などにも対応するようになった

平成13年にはJR東日本のICカード乗車券「Suica」が登場した

東京駅丸の内北口で開催された「とうきょうエキコン」は人気イベントとなり駅舎復原工事着工まで続けられた

「Ｋｉｔａｃａ」、ＪＲ九州の「ＳＵＧＯＣＡ」など次々と新しいＩＣカード乗車券が誕生していった。また、平成18（２００６）年には「おサイフケータイ」対応の携帯電話などによる「モバイルＳｕｉｃａ」のサービスも始まっている。

当初、これらのＩＣカードは独自のエリア内でのみ使え、相互利用はできなかったが、平成25（２０１３）年には「Ｓｕｉｃａ」「ＰＡＳＭＯ」「ＴＯＩＣＡ」「ＳＵＧＯＣＡ」などから相互利用サービスを開始している。

こうした新たなシステムの導入により、ＪＲ東日本のイオカードは平成17（２００５）年で発売を終了、翌年２月10日の最終列車をもって自動改札機での使用も終了した。ほかの磁気乗車カードも追従してサービスを終了している。なお、オレンジカードは商品券のように使え、さらに収集対象ともなっていたため、相応の需要があり、その後も発行が続いていたが、平成25（２０１３）年に発売を終了している。

なお、ＩＣカードやスマートフォンの発展にともない、特急券、座席指定券、グリーン券などにも活用の範囲が広まっている。たとえば、平成13（２００１）年に始まった「ＪＲ東海エクスプレス・カード」による東海道新幹線チケットレスサービス、平成16（２００４）年に始まった首都圏ＪＲ東日本普通列車の「グリーン車Ｓｕｉｃａシステム」などがある。

●文化財としても再認識されてきた「鉄道」

鉄道を文化財として見直す動きが大きくなったのも平成時代のことだった。

その皮切りの一つとなったのは昭和63（１９８８）年の「門司港駅（旧門司駅）本屋」に対する国の重要文化財指定だった。平成に入ると「旧碓氷峠鉄道施設」「一号機関車」「末広橋梁（旧四日市港駅鉄道橋）」「旧手宮鉄道施設」、そして「東京駅丸ノ内本屋」（**147ページ写真参照**）などが次々と重文指定を受け、並行して鉄道施設などの登録有形文化財指定も急増した。

また、資料の保管や展示を目的とした施設の整備も進んだ。平成元（１９８９）年には東武鉄道創立90周年記念事業として「東武博物館」が開館、平成11（１９９９）年には長野新幹線開業によって廃線となった信越本線の施設を活用した「碓氷峠鉄道文化むら」も誕生している。その後もＪＲ東日本の「鉄道博物館」、ＪＲ東海の「リニア・鉄道館」、ＪＲ西日本の「京都鉄道博物館」など平成時代には多くの博物館が開館した。

このほか、廃止された鉄道施設の遺構を使った「ｍＡＡｃｈ ｅｃｕｔｅ神田万世橋」や横浜の「汽車道」なども平成時代に誕生した。廃線跡を活用した遊歩道は全国各地にみられるが、これらの事業にはその魅力をより積極的に活用する姿勢が見られる。

平成5年には旧信越本線の碓氷第三橋梁（写真）などが「旧碓氷峠鉄道施設」として国の重要文化財に指定された

中央本線の旧万世橋駅は商業施設「mAAch ecute（マーチエキュート）神田万世橋」としてリニューアル活用

平成19年、JR東日本創立20周年事業としてさいたま市に「鉄道博物館」がオープンした

JR東海も平成23年に歴代新幹線車両などを中心に展示する「リニア・鉄道館」を開設した(写真は開館当時)

平成28年には「梅小路蒸気機関車館」を組み込んだJR西日本の「京都鉄道博物館」も誕生

平成元年、東武鉄道の歴代車両などを展示する「東武博物館」が東向島駅にオープンした

平成のエポックと鉄道シーン

●消費税導入による運賃・料金改定が3回も実施された

日本に「消費税」という租税方式が導入されたのも平成時代のことだった。まず平成元（1989）年に税率3%でスタート、平成9（1997）年には5%、そして平成26（2014）年には8%へと引き上げられている。

鉄道の運賃・料金も消費税の課税対象となり、JRをはじめほとんど各社で価格が改訂された。平成元年の施行日は4月1日だったが、その販売扱いが興味深かった。

4月1日以降の乗車分でも、3月31日までに購入すれば運賃は旧価格で販売されたため、特に定期券などの駆け込み購入がニュースとなった。

また、すべての価格が上がったのかといえば、そうでもない。じつは消費税施行を機にJRのグリーン料金やA寝台料金にかけられていた通行税が廃止され、例えば100キロまで1300円だったグリーン料金が1220円になるなど値下げされたのだ。この値下げされる料金について、JRは4月1日以降の乗車分であれば、それ以前の購入でも新価格で販売した。考えてみれば、当たり前のことなのだが、消費税に不慣れな身としては、何だか面倒な税法と思ったものである。

平成26年の施行の際は、JR東日本などが「消費税率引上げ分をより正確に運賃に反映できる」

消費税導入による運賃などの改定で駅の表示も変更。JR東日本だけで約5,000枚交換

平成時代は分煙から禁煙へと進み、JR東日本首都圏は平成5年から指定場所以外禁煙

として1円単位の運賃制度も導入した。これはＳｕｉｃａなどのＩＣカード乗車券利用時に限定され、「ＩＣ運賃」と呼ばれた。きっぷによる運賃は従来通り10円単位で計算され、運賃が2種類設定されたのだ。

ちなみに東京の電車特定区間の初乗りはきっぷ運賃１４０円に対してＩＣ運賃１３３円となるが、幹線の初乗りはきっぷ運賃１４０円に対してＩＣ運賃１４４円となる。乗車区間によって損得が異なるため、それを表示する掲示までなされたが、この運賃表を見ながらいちいち検討した人はどの程度いたのだろうか。

このＩＣ運賃は、ＪＲ東日本、首都圏の大手民鉄・公営地下鉄・中小民鉄・乗合バス事業者を中心に導入されたが、ほかの地域では導入を見送り、通常の運賃・料金改訂に留まっている。平成から次の時代に移った後、税率を10％に引き上げる方針もあるが、それが施行された時はどうなるのだろうか。各社の動きに注目していきたい。

平成12（2000）年12月31日、臨時「夢空間21世紀号」が運転された

平成6年の「第1回鉄道の日」には、きんさんぎんさんが一日東京駅長に

平成10年11月、中国の江沢民国家主席夫妻が来日、東北新幹線に試乗

平成24年には塔の完成に合わせて「とうきょうスカイツリー駅」誕生

平成14年のサッカーワールドカップでは上越新幹線で夜行便も運転

第４章

平成の時代、「さよなら」の記憶

平成時代を迎える直前、国鉄の分割民営化が行なわれ、ＪＲグループが発足した。ＪＲ各社は国鉄時代にはできなかったさまざまな施策にチャレンジしながら歩み出していく。そして、それに刺激されるように民鉄各社も大きく動いていった。時代の追い風もあり、そこには多くの出会いが生まれることになった。

いっぽう、その陰には多くの別れもあった。生まれるものがあれば、なくなるものもある。それはどの世界にもある理かも知れない。平成時代に消え去ってしまった鉄道の想い出をいくつか紹介したい。

●特定地方交通線の転換が続く（〜平成２年）

昭和晩年に大きく動いた国鉄再建問題。その施策の一つとして、特定地方交通線の転換があった。これは国鉄の問題であり、ＪＲに引き継いでしまうと作業が厄介になるという判断もあり、転換事業は急ピッチで進められたが、路線数にして3分の1程度が間に合わず、一旦ＪＲに引き継がれてからの転換となった。作業は粛々と進められたが、時代が平成に変わったのちも14路線の転換が残っていた。

平成に入って最初の転換は、平成元（１９８９）年の足尾線で3月29日からわたらせ渓谷鐵道として営業を開始することになった。その後、同年中に高千穂線、標津《しべつ》線、天北《てんぽく》線、名寄本線、池北《ちほく》線、伊田線、糸田線、田川線、湯前《ゆのまえ》線、宮田線が転換されている。残った宮津線、鍛冶屋線、大社線も平成２（１９９０）年３月31日限りで運行を終え、４月１日からは北近畿タンゴ鉄道（現京都丹後鉄道）などに転換された。

こうして昭和58（１９８３）年の白糠《しらぬか》線に始まった国鉄特定地方交通線の転換事業が終結した。最終的に83線（合計３１５７・２キロ）が転換された。このときは38路線、営業距離にして約４割が鉄道として存続している。

●宇高連絡船の終焉（平成３年）

車両航送も行なう大規模な鉄道連絡船としては、北海道連絡の青函航路、そして四国連絡の宇高航路があった。前者はトンネル、後者は橋梁による連絡が計画され、国鉄時代から建設が進められていた。開通したのはＪＲ発足後の昭和63（１９８８）年のことで、青函トンネルは３月13日、瀬戸大橋は４月10日となった。これを踏まえて行なわれたＪＲのダイヤ改正は「レールが結ぶ、一本列島。」と大々的にＰＲされた。

多くの人はこれを機に両航路が廃止されたと思っているが、宇高航路では連絡船、ホ

平成9年10月の長野新幹線開業で信越本線碓氷峠が廃止された

在来線特急「あさま」は平成９年９月30日限りで廃止、新幹線に引き継ぐ

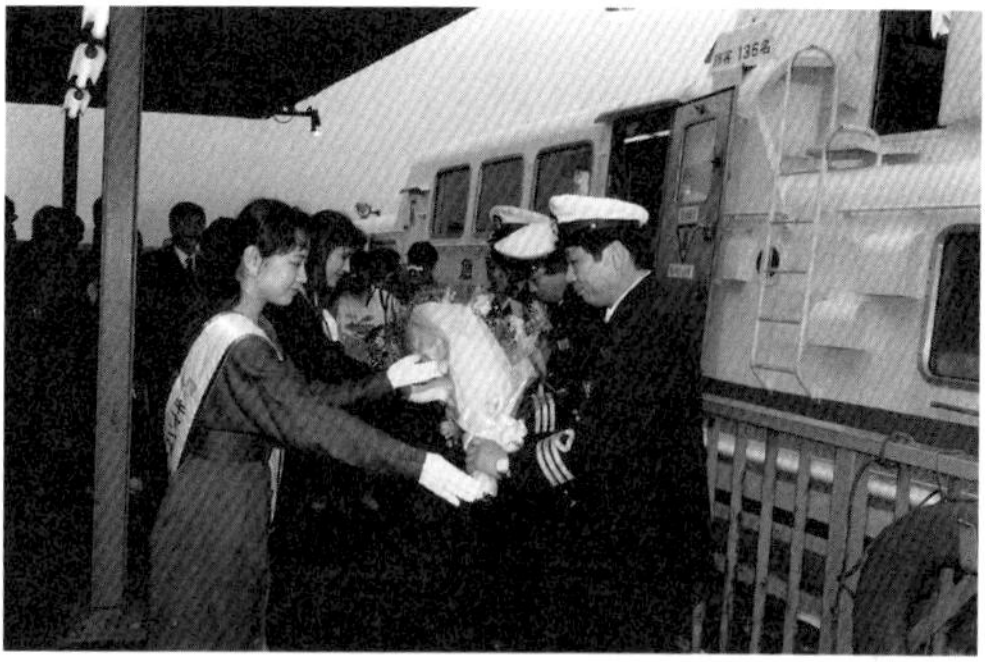

宇高連絡船は瀬戸大橋開通後も高速艇が継続していたが、平成2年3月末で休航となり、実質31日が最終運航となった

残っていた特定地方交通線の転換が続き、福岡県の宮田線は平成元年12月22日限りでバス化

北海道の深名線は特定地方交通線にはならなかったが、平成7年9月3日限りで廃止、バスによる運行となった

バークラフトの運航が終わったものの高速艇「しおかぜ」の運航は継続していたのだ。総トン数126トン、乗客定員は136名という船だったが、平成元（1989）年6月に利用した時は自分も含めて乗客3名、乗務員3名、計6名しか乗っていなかった。利用者減を理由に翌年3月末で休航扱いとなり、平成3（1991）年3月に航路が廃止された。

●深名線の廃止（平成7年）

深名線は深川～名寄間121・8キロを結ぶJR北海道の路線だった。国鉄時代から赤字路線の先鋒とされ、赤字83線や特定地方交通線の候補にあげられたが、並行道路の未整備を理由にその都度廃止保留とされてきた。しかし、並行道路の整備が進み、乗客も極めて少ないことから平成7（1995）年9月3日限りで鉄道運行を止め、JR北海道の代替バスによる運行となった。国鉄から引き継いだ特定地方交通線以外の初めてのJR線廃止となった。

●信越本線碓氷峠の廃止（平成9年）

平成9（1997）年10月1日、北陸新幹線が長野行新幹線として長野駅まで先行開業した。これにより並行在来線（信越本線）の処遇が問題となったが、運営のＪＲ東日本は途中にある66・７‰（１０００ｍで66・７ｍの差がつく勾配）というＪＲ最急勾配が運行上のネックになっていると判断、横川〜軽井沢間を廃止、軽井沢〜篠ノ井間をしなの鉄道に移管した。ＪＲ東日本管内の廃線は特定地方交通線を除けば初めてのことだった。

なお、同区間を運行していた特急「あさま」「白山」は９月30日限りで廃止となり、「あさま」の列車名は新幹線へと引き継がれた。

●東海道新幹線から国鉄型車両が引退（平成11・15年）

平成初期の東海道・山陽新幹線は国鉄型０系および１００系で運行されていたが、平成４（１９９２）年に３００系、追って５００系や７００系も加わると性能の差がダイヤ設定上の大きな問題となってきた。特にダイヤの過密な東海道新幹線ではその扱いが難しく、０系は平成11（１９９９）年９月18日の「こだま４７３号」、１００系は平成15（２００３）年９月16日の「ひかり３０９号」を最後に東海道新幹線区間での営業運転を終了した。

平成15年9月16日の東京→新大阪「ひかり309号」を最後に東海道新幹線から100系が引退となった

平成17年2月28日出発列車を最後に「あさかぜ」廃止。“ブルートレイン”の始祖ともいえる列車の廃止に多くの人が名残を惜しんだ

平成20年には寝台急行として最後まで運転を続けていた「銀河」も引退

平成11年9月18日、開業時から活躍してきた0系が東海道新幹線から引退

平成14年12月の東北新幹線八戸延伸と同時に「はくつる」も引退した

●〝ブルートレイン〟として親しまれた寝台特急の終焉（平成14〜26年）

国鉄晩年、新幹線・空路・高速道路などの整備が進み、夜行列車は大きく衰退していった。最盛期は寝台客車や寝台電車を使った特急・急行も数多く運行されていたが、民営化時にもはや昔日の面影はなかった。その後、昭和63（1988）年の青函トンネル開業を機に誕生した「北斗星」などの北海道連絡列車、また、平成10（1998）年には新たな285系寝台電車を使う「サンライズ出雲・瀬戸」などが話題になったが、全体としては衰退傾向に歯止めはかからなかった。最終的にこれらの列車は使命を終えたと判断され、廃止されていくことになる。これは夜行急行や快速なども同様だった。

この動きは平成半ばから顕著になり、青い寝台客車で編成されたことから〝ブルートレイン〟と呼ばれた寝台特急は、平成14（2002）年に「はくつる」、平成17（2005）年に「さくら」「あさかぜ」「彗星」、平成18（2006）年に「出雲」、平成20（2008）年に「なは」「あかつき」、平成21（2009）年に「はやぶさ」「富士」、平成22（2010）年に「北陸」、平成24（2012）年に「日本海」、平成26（2014）年に「あけぼの」が定期運行終了、あるいは廃止されていった。また、唯一残っていた寝台急行「銀河」も平成20（2008）年に廃止されている。

この時代、ダイヤ改正ごとに慣れ親しんだ列車が消えていき、鉄道ファンにとっては辛い思いが続いた。各列車の最終日ともなると惜別の想いを抱く人々が駅や沿線に集まり、名残を惜しんだのである。こうして平成26（２０１４）年以降、寝台付きの定期列車は「サンライズ出雲・瀬戸」を除くと北海道連絡列車だけになってしまった。

●０系・１００系、そして３００系の引退（平成20・24年）

東海道・山陽新幹線で初めて最高時速２７０キロ運転を実現、超高速列車の時代を切りひらいた３００系だったが、より高性能な後継車両が登場していくとやはり運用が制約されていくようになった。そして平成19（２００７）年からN７００系の投入が始まると、東海道・山陽新幹線のさらなる体質改善の動きが始まった。

国鉄から引き継がれた０系は山陽新幹線で「こだま」として継続使用されていたが、平成20（２００８）年11月いっぱいで定期運転を終了、同年12月に「さよなら運転」をして引退した。山陽新幹線では１００系も運転されていたが、平成24（２０１２）年３月16日の「ひかり４４５号」を最後に引退となった。また、同時に３００系も東海道・山陽新幹線から完全引退することになり、東海道では「のぞみ３２９号」、山陽では「のぞみ６０９

東京駅発着最後の“ブルートレイン”となっていた「はやぶさ・富士」が平成21年3月13日発列車で引退した

「日本海」も平成24年3月15日発列車を最後に臨時列車化、翌年1月に廃止となった

最高270km/h運転で新たな超高速時代をつくった300系は平成24年3月16日限りで東海道・山陽新幹線から完全引退となった

300系引退と同じ日、山陽新幹線に残っていた100系もすべて引退した

東北・上越新幹線開業時から活躍してきた200系も平成25年春で引退

号」を最後に運転が終了となった。

●東北・上越新幹線用の200系が引退（平成25年）

東北・上越新幹線向けに開発された200系は、JR東日本に引き継がれて使用されてきた。平成に入ってから大規模なリニューアルも行なわれていたが、平成23（2011）年のE5系増備で大宮以北の東北新幹線で定期運転を終了、上越新幹線のみの運転となったが、平成25（2013）年3月ダイヤ改正で引退となった。その後、4月にかけて「ありがとう200系」号などの「さよなら運転」をいくどか行ない、運転が終了した。

●北海道連絡在来線列車の終焉（平成28年）

平成28（2016）年3月26日に部分開業した北海道新幹線は、青函トンネルを経て本州と北海道を結んでいる。このトンネルは在来線と新幹線の双方が通行できるように改修されたが、新幹線開業で在来線の定期旅客列車は全廃となった。

この改修工事に向けて、前年3月改正で「北斗星」「トワイライトエクスプレス」の定期運行が終了となった。「北斗星」は臨時列車として継続したが、同年8月22日発の上り列車を最後に廃止された。また、「カシオペア」は1編成しかないため終始臨時扱いだったが、こちらは平成28年3月20日発の上り列車を最後に定期的な運転を終えた。

このほか、青函トンネルでは特急「スーパー白鳥」「白鳥」、急行「はまなす」も運行されていたが、北海道新幹線開業で廃止となった。ただし、開業前の最終工事のため、平成28年3月22日から全列車が運休となり、実質的には3月21日が最終運行となった。

●三江線と夕張支線の廃止（平成30・31年）

平成の末期にもJR線の廃止があった。

一本は中国地方の江津《ごうつ》（島根県）と三次《みよし》（広島県）を結んでいたJR西日本の三江線《さんこう》で、平成30（2018）年3月31日の運転を最後に廃止となった。同線は平成27（2015）年に全通40周年を迎えたばかりの比較的若い路線だった。

もう一本はJR北海道の石勝《せきしょう》線新夕張〜夕張間で、平成31（2019）年3月31日の運転を最後に廃止。これが平成最後のJR廃止線だ。この区間は明治25（1892）年に北海道炭礦鉄道として建設された歴史ある路線で、国鉄時代は長らく夕張線として運行。昭和56（1981）年に千歳空港と新得を結ぶ石勝線開通を機に同線の支線となった。

「北斗星」は平成27年3月13日発列車を最後に臨時化されたが、これも同年8月22日発列車で廃止となった

「トワイライトエクスプレス」も平成27年3月12日発列車を最後に大阪～札幌間運転を廃止している

平成30年3月31日限りでJR西日本の三江線が廃止。本州で営業距離100キロを超える路線の廃止は平成唯一

「北斗星」廃止後も運転を続けていた「カシオペア」も平成28年3月引退

平成31年3月31日限りで石勝線の新夕張～夕張間は廃止

天皇陛下と平成の鉄道

平成という時代を振り返るとき、やはり天皇陛下の動向に触れないわけにはいかない。そもそも平成は「元号法」に定められた元号なのである。ここでは「元号は、皇位の継承があった場合に限り改める」とされ、平成元（１９８９）年は1月8日から始まり、そして平成の最後は２０１９年4月30日まで、31年で終了することになった。

天皇陛下は宮中での公務のほか、国内外各地にお出かけになられる。宮内庁ウェブサイトで公開されている「行幸啓など（国内のお出まし）」によると、道府県へは即位中（平成31年3月10日現在まで）天皇皇后両陛下がおそろいで３８０回、天皇陛下単身では24回お出かけになり、すべての都道府県を2回以上お訪ねになっている。

こうしたお出かけの際、鉄道をご利用になることもある。これは専用に用意された御料車をお使いになることもあるし、一般車両を使われることもある。

国鉄晩年には、専用車両として客車による御料車を組み込んだ1号編成および貴賓車クロ１５７形（クロ１５７-1）が用意されており、これはJR東日本に引き継がれた。

平成時代に最初に1号編成が使用されたのは、平成8（１９９６）年にベルギー王国アルベール2世・パオラご夫妻が来日された際のことで、10月24日に両毛線で運転された専用列車（お召列車）に同乗されている。その後、1号編成は5回運行されているが、平成14（2002）年の「第53回全国植樹祭」の際、陸羽西線・羽越本線で6月3日に行なわれた運転を最後として使用されていない。また、クロ157形は平成5（1993）年5月13日に秩父鉄道・高崎線での使用を最後としている。

なお、JR東日本ではこれらの車両の老朽化にともない、平成19（2007）年には交直両用のE655系電車1編成を製造。ふだんは「なごみ（和）」として臨時列車に活用されているが、必要の際はここに特別車両（E655-1）を組み込む形で運転している。これは平成20（2008）年11月12日、来日中のスペイン国王ファン・カルロス1世・ソフィアご夫妻を宇宙航空研究開発機構筑波宇宙センターなどにご案内する際、常磐線で運転された列車がデビューとなった。

青函トンネルの竜飛海底駅をご見学される天皇皇后両陛下（平成2年7月23日）

また、鉄道ファンにも知られたコアなポイントへのお出かけは、平成2（1990）年7月23日の竜飛海底駅ご訪問だろうか。「第10回全国豊かな海づくり大会」に合わせて実現したもので、体験坑道などもご見学されている。

平成9年10月の秋田・岩手県視察の際に運転された1号編成のお召列車

平成22年12月21日、天皇皇后両陛下おそろいで、さいたま市の「鉄道博物館」をご見学された

皇居至近の「東京ステーションギャラリー」には企画展のたびに何度かご訪問されている（平成25年5月10日）

「鉄道博物館」は皇太子殿下もご見学されている（平成19年10月2日）

平成3年の皇太子殿下ご成婚の際、札幌市交通局の市電で祝賀花電車も運転された。車両はササラ電車を装飾して用意

平成10年に「東京ステーションギャラリー」で開催された「レオナルド・ダ・ヴィンチ展」を雅子さまとご一緒に見学された皇太子殿下（9月14日）

E655系によるお召列車。この時はルクセンブルク大公とお嬢さまをご案内するため、ルクセンブルク大公国の国旗も掲揚された（平成20年11月12日）

年号	できごと(カッコ内は月日)
平成4年 (1992年)	・JR九州、大村線にハウステンボス駅開業(3/10) ・JR東海、300系「のぞみ」運転開始、最高速度270km/hに(3/14) ・「ハウステンボス」オープン、特急「ハウステンボス」運転開始(3/25) **・京浜急行電鉄、座席指定制列車「ウィング号」運転開始(4/16)** ・JR東日本、オール2階建て電車215系運転開始(4/20) ・JR東日本、山形新幹線福島〜山形間開業、400系「つばさ」運転開始(7/1) ・JR九州、787系特急「つばめ」運転開始(7/15) ・JR西日本、山陽新幹線でWIN350による速度向上試験を実施、350.4km/hの国内最高速度を記録(8/8) ・JR東日本、上越新幹線でSTAR21による速度向上試験を実施、358km/hの国内最高速度を記録(11/1) ・JR西日本、681系特急「雷鳥」(臨時列車)運転開始(12/26)
平成5年 (1993年)	・JR四国、高松〜伊予市間電化完成、8000系特急「しおかぜ」「いしづち」本格運転開始(3/18) *・プロサッカー・Jリーグ開幕(5/15)* ・JR東日本、255系特急「ビューさざなみ」「ビューわかしお」運転開始(7/2) **・名古屋市交通局、鶴舞線庄内緑地公園〜上小田井間延伸開業、名鉄犬山線と相互直通運転(8/12)** **・西武鉄道、10000系特急「小江戸」運転開始(12/6)** *・屋久島・白神山地、世界自然遺産に日本で初登録(12/11)* ・JR東日本、上越新幹線でSTAR21による速度向上試験を実施、425km/hの国内最高速度を記録(12/21)
平成6年 (1994年)	・JR北海道、キハ281系特急「スーパー北斗」運転開始(3/1) ・JR北海道、函館本線支線(砂川〜上砂川間)、この日限りで廃止(5/15) ・JR西日本、関西空港線(日根野〜関西空港間)、空港開業にさきがけ開業(6/15) **・南海電気鉄道、空港線(泉佐野〜関西空港間)、空港開業にさきがけ開業(6/15)** ・JR東日本、初のオール2階建て新幹線電車E1系「Max」運転開始(7/15) **・広島高速交通、アストラムライン(本通〜広域公園前間)開業(8/20)** ・JR西日本、関西国際空港開港、281系特急「はるか」運転開始(9/4) **・南海電気鉄道、関西国際空港開港、50000系特急「ラピート」運転開始(9/4)** ・JR東日本、351系特急「スーパーあずさ」運転開始(12/3) **・智頭急行、智頭線(上郡〜智頭間)開業。HOT7000系特急「スーパーはくと」運転開始(12/3)**
平成7年 (1995年)	*・阪神・淡路大震災。関西の鉄道網に甚大な被害(1/17)* *・地下鉄サリン事件(3/20)* ・JR西日本、681系特急「スーパー雷鳥(サンダーバード)」運転開始(4/20) ・JR九州、883系「ソニックにちりん」運転開始(4/20) ・JR東海、383系特急「しなの」運転開始(4/29) ・JR東日本、東京駅中央線ホーム重層化完成、使用開始(7/2) ・JR北海道、深名線、この日限りで廃止(9/3) ・JR東海、373系特急「ふじかわ」運転開始(10/1) **・ゆりかもめ、新橋(仮駅)〜有明間開業(11/1)**

平成鉄道史年表

年号	できごと（カッコ内は月日）
平成元年 （1989年）	・*昭和天皇崩御（1/7）、平成に改元（1/8）* ・JR東海、キハ85系特急「ひだ」運転開始（2/18） ・JR東日本、651系特急「スーパーひたち」運転開始（3/11） ・JR西日本、100系「グランドひかり」運転開始（3/11） ・JR四国、2000系特急「南風」「しまんと」（臨時列車）運転開始（3/11） ・JR九州、キハ71系特急「ゆふいんの森」運転開始（3/11） ・JR貨物、梅田～札幌貨物ターミナル間直通の「ほっかいライナー」運転開始（3/11） ・*消費税（3％）導入、通行税廃止（4/1）* ・**東武鉄道、「東武博物館」オープン（5/20）** ・JR東海、金山総合駅開業（7/9） ・JR西日本、24系寝台特急「トワイライトエクスプレス」（団体臨時列車）運転開始（7/21） ・**京阪電気鉄道、鴨東線（三条～出町柳間）開業（10/5）** ・JR九州、宮田線、この日限りで廃止（12/22）
平成2年 （1990年）	・JR東日本、上越新幹線の最高速度を275km/hに向上（3/10） ・**大阪市交通局、鶴見緑地線京橋～鶴見緑地間開業（3/20）** ・JR四国、宇高高速艇、この日限りで運航休止（3/31） ・JR西日本、博多南線営業運転開始（4/1） ・*大阪で「国際花と緑の博覧会」開幕（4/1）* ・JR東日本、251系特急「スーパービュー踊り子」運転開始（4/28） ・**東武鉄道、100系「けごん」「きぬ」運転開始（6/1）** ・JR東日本、200系新幹線電車に2階建て車両を導入（6/23） ・JR北海道、785系特急「スーパーホワイトアロー」運転開始（9/1） ・JR東日本、上越新幹線越後湯沢～ガーラ湯沢間営業運転開始（12/20）
平成3年 （1991年）	・JR東海、東海道新幹線で300系による高速走行試験を実施、325.7Km/hの国内最高速度を記録（2/28） ・JR東日本、ストアードフェア式磁気カード「イオカード」発売開始（3/1） ・JR東海、371系特急「あさぎり」運転開始（3/16） ・**小田急電鉄、20000形RSE特急「あさぎり」運転開始（3/16）** ・JR東日本、青函トンネル内で特急列車の最高速度を140km/hに向上（3/16） ・JR東日本、253系特急「成田エクスプレス」運転開始（3/19） ・**京成電鉄、AE100形特急「スカイライナー」成田空港駅乗入れ開始（3/19）** ・JR東日本、東北新幹線上野～東京間延伸開業（6/20） ・JR東日本、上越新幹線で400系による高速走行試験を実施、345.8km/hの国内最高速度を記録（9/19） ・**営団地下鉄、南北線駒込～赤羽岩淵間開業（11/29）** ・JR東日本、山手線に205系6扉量産車を投入、11両編成に（12/1）

※細字はJR各社、太字はそのほかの鉄道事業者のおもなできごとです。また、斜字は社会一般のできごとです。

年号	できごと（カッコ内は月日）
平成12年（2000年）	・*コンピューター2000年問題、大きなトラブルもなく終了（1/1）* **・多摩都市モノレール、多摩センター〜上北台間の全線開業（1/10）** ・JR北海道、キハ261系「スーパー宗谷」運転開始（3/11） ・JR東日本、E751系特急「スーパーはつかり」運転開始（3/11） ・JR西日本、山陽新幹線で700系「ひかりRail Star」運転開始（3/11） ・JR九州、885系特急「かもめ」運転開始（3/11） ・*交通バリアフリー法公布（5/17）* ・*九州・沖縄サミット開幕（7/21）* **・営団地下鉄、南北線全線開業、東急目黒線と相互直通運転開始（9/26）** **・東京都交通局、三田線全線開業、東急目黒線と相互直通運転開始（9/26）** ・JR四国、2000系に「アンパンマン列車」が登場（10/14） ・JR東日本、東京駅の「とうきょうエキコン」最終演奏（11/9） **・東京都交通局、大江戸線全線開業（12/12）**
平成13年（2001年）	・*中央省庁再編、1府12省に、国土交通省設置（1/6）* ・JR西日本、桜島線（JRゆめ咲線）ユニーバサルシティ駅開業（3/1） ・JR西日本、683系特急「サンダーバード」運転開始（3/3） **・名古屋ガイドウェイバス、志段味線（大曽根〜小幡緑地間）開業（3/23）** ・JR四国、高松駅4代目新駅舎使用開始（5/13） ・JR西日本、キハ187系特急「スーパーおき」「スーパーくにびき」運転開始（7/7） **・神戸市交通局、海岸線（三宮・花時計前〜新長田間）開業（7/7）** ・*アメリカ同時多発テロ（9/11）* ・JR東日本、非接触式ICカード乗車券「Suica」導入（11/18） ・JR東日本、E257系特急「あずさ」運転開始（12/1） ・JR東日本、「湘南新宿ライン」運転開始（12/1）
平成14年（2002年）	・JR東日本、上野駅リニューアル完成「アトレ上野」オープン（2/22） ・JR貨物、北九州貨物ターミナル駅開業。全国規模でE&Sシステム（着発線荷役駅）によるネットワーク形成（3/23） **・北越急行、特急「はくたか」160km/h運転開始（3/23）** ・JR東日本、E231系500番代、山手線大崎駅で出発式（4/21） ・*サッカー、ワールドカップ日韓大会開催（5/31〜）* ・JR東日本・JR北海道、特急「はつかり」、寝台特急「はくつる」、快速「海峡」、この日限りで廃止（11/30） ・JR東日本、東北新幹線盛岡〜八戸間延伸開業、E2系「はやて」運転開始（12/1） ・JR北海道、789系特急「スーパー白鳥」運転開始（12/1）

年号	できごと（カッコ内は月日）
平成8年 （1996年）	**・小田急電鉄　30000形EXE特急「はこね」「えのしま」運転開始（3/23）** ・JR東海、鉄道総研と共同で超電導磁気浮上式山梨実験センター完成（7/1） ・JR東海、東海道新幹線で300Xによる試験実施、443.0km/hの国内最高速度を記録（7/26） ・JR西日本、283系特急「スーパーくろしお（オーシャンアロー）」運転開始（7/31）
平成9年 （1997年）	・JR西日本、JR東西線（京橋～尼崎間）開業（3/8） ・JR北海道、キハ283系「スーパーおおぞら」運転開始（3/22） ・JR東日本、秋田新幹線開業、E3系「こまち」、E2系「やまびこ」運転開始（3/22） ・JR西日本、500系「のぞみ」運転開始、山陽新幹線の最高速度300km/hに（3/22） **・北越急行、ほくほく線（六日町～犀潟間）開業。681系「はくたか」運転開始（3/22）** *・消費税率5%に引き上げ（4/1）* **・大阪市交通局、長堀鶴見緑地線、大正～門真南間の全線開業（8/29）** ・JR西日本、京都駅ビル全館オープン（9/11） ・JR東日本、信越本線横川～軽井沢間、この日限りで廃止（9/30） ・JR東日本、北陸新幹線（長野新幹線）高崎～長野間開業、E2系「あさま」運転開始（10/1） ・JR東日本、E653系特急「フレッシュひたち」運転開始（10/1） **・京都市交通局、東西線醍醐～二条間開業、御陵駅から京阪京津線乗り入れ開始（10/12）** ・JR東海、山梨実験線で有人走行による531km/h達成、世界記録樹立（12/12） ・JR東日本、E4系「Maxやまびこ」運転開始（12/20）
平成10年 （1998年）	*・冬季オリンピック長野大会開催（2/7～）* *・明石海峡大橋開通（4/5）* *・サッカーワールドカップフランス大会、日本代表初出場（6/9）* ・JR東海・JR西日本、285系特急「サンライズ瀬戸」「サンライズ出雲」運転開始（7/10） ・JR東日本、赤羽駅高架化工事完成（12/6）
平成11年 （1999年）	・JR東海・JR西日本、700系「のぞみ」運転開始（3/13） **・千葉都市モノレール、1号線・2号線、千葉みなと～県庁前、千葉～千城台間の全線開業（3/24）** ・JR東日本、C57形180号機牽引の「SLばんえつ物語号」運転開始（4/29） *・しまなみ海道開通（5/1）* ・JR東日本、E26系寝台特急「カシオペア」運転開始（7/16） ・JR東海、この日限りで東海道新幹線から0系新幹線電車引退（9/18） ・JR東日本、山形新幹線山形～新庄間延伸開業（12/4） ・JR東海、名古屋駅ビル「JRセントラルタワーズ」オープン（12/23）

年号	できごと（カッコ内は月日）
平成19年（2007年）	**・仙台空港鉄道、仙台空港アクセス線（名取〜仙台空港間）開業（3/18）** **・大阪高速鉄道、大阪モノレール線・彩都線、大阪空港〜門真市、万博記念公園〜彩都西間の全線開業（3/19）** ・JR東海・JR西日本、N700系「のぞみ」運転開始（7/1） ・JR東日本、キハE200形、小海線で運転開始（7/31） ・JR東日本、さいたま市に「鉄道博物館」オープン（10/14）
平成20年（2008年）	・JR東日本・JR西日本・JR九州、寝台特急「あかつき」「なは」、寝台急行「銀河」、この日限りで廃止（3/14） ・JR西日本、おおさか東線放出〜久宝寺間開業（3/15） **・小田急電鉄、60000形MSE特急「メトロはこね」「メトロさがみ」「メトロホームウェイ」運転開始（3/15）** **・東京都交通局、日暮里・舎人ライナー（日暮里〜見沼代親水公園間）開業（3/30）** **・横浜市交通局、グリーンライン（中山〜日吉間）開業（3/30）** **・東京地下鉄、副都心線（池袋〜渋谷間）開業（6/14）** **・東武鉄道、座席定員制列車「TJライナー」運転開始（6/14）** *・北海道洞爺湖サミット開幕（7/7）* **・京阪電気鉄道、中之島線（天満橋〜中之島間）開業（10/19）** ・JR東日本、E655系によるお召列車初運転（11/12） ・JR西日本、0系新幹線電車、この日限りで山陽新幹線での定期運転終了（11/30）
平成21年（2009年）	・JR東日本・JR九州、寝台特急「はやぶさ・富士」、この日限りで廃止（3/13） **・阪神電気鉄道、阪神なんば線（大阪難波〜西九条間）開業（3/20）** *・高速道路通行料、休日特別割引実施（3/28〜）* ・JR九州、58654牽引の「SL人吉」運転開始（4/25） *・民主党政権発足（9/16）* ・JR東日本、E259系特急「成田エクスプレス」運転開始（10/1） ・JR東日本、蓄電池搭載車両「NE Trainスマート電池くん」走行試験開始（10/6）
平成22年（2010年）	・JR東日本、400系新幹線電車、この日限りで営業運転終了（4/18） **・京成電鉄、成田空港アクセス線開業、AE形特急「スカイライナー」運転開始（7/17）** ・JR東日本、HB-E300系運転開始（10/2） **・京浜急行電鉄、空港線羽田空港国際線ターミナル駅開業（10/21）** **・東京モノレール、羽田空港国際線ビル駅開業（10/21）** ・JR東日本、中央線三鷹〜立川間立体交差化完成（11/7） ・JR西日本、キハ189系特急「はまかぜ」運転開始（11/7） ・JR東日本、東北新幹線八戸〜新青森間延伸開業（12/4）
平成23年（2011年）	・JR東日本、E5系「はやぶさ」運転開始（3/5） *・東日本大震災、東日本の鉄道網に甚大な被害（3/11）* ・JR西日本、287系特急「こうのとり」「きのさき」運転開始（3/12） ・JR九州、九州新幹線博多〜新八代間開業、山陽新幹線と直通運転開始（3/12） ・JR東海、「リニア・鉄道館」オープン（3/14） ・JR西日本、「大阪ステーションシティ」オープン（5/4） *・サッカー女子ワールドカップ、「なでしこジャパン」優勝（7/18）* **・南海電気鉄道、12000系特急「サザン」運転開始（9/1）**

年号	できごと（カッコ内は月日）
平成15年 （2003年）	**・近畿日本鉄道、21020系「アーバンライナーnext」名阪特急で本格運転開始（3/6）** **・名古屋市交通局、上飯田線（平安通～上飯田間）開業、名鉄小牧線と相互直通運転（3/27）** ・JR東日本、旧汐留貨物駅跡地に「旧新橋停車場」オープン（4/10） *・六本木ヒルズ、オープン（4/25）* ・JR九州、「九州鉄道記念館」オープン（8/9） **・沖縄都市モノレール、ゆいレール（首里～那覇空港間）開業（8/10）** ・JR東海、この日限りで東海道新幹線から100系新幹線電車引退（9/16） ・JR東海、東海道新幹線品川駅開業。「のぞみ」主体のダイヤに（10/1） ・JR東海、山梨リニア実験線MLX01、有人走行で581km/hを達成（12/2）
平成16年 （2004年）	**・横浜高速鉄道、みなとみらい線（横浜～元町・中華街間）開業、東急東横線と相互直通運転開始（2/1）** ・JR九州、九州新幹線新八代～鹿児島中央間開業、800系「つばめ」運転開始（3/13） ・JR貨物、M250系特急コンテナ電車「スーパーレールカーゴ」運転開始（3/13） **・東京地下鉄、帝都高速度交通営団（営団地下鉄）民営化、通称「東京メトロ」に（4/1）** **・名古屋市交通局、名城線環状運転開始（10/6）** **・名古屋臨海高速鉄道、あおなみ線（名古屋～金城ふ頭間）開業（10/6）** ・JR東日本、グリーン車Suicaシステム使用開始（10/16） *・新潟中越地震、上越新幹線などに甚大な被害（10/23）*
平成17年 （2005年）	**・名古屋鉄道、空港線（常滑～中部国際空港間）開業、2000系「ミュースカイ」運転開始（1/29）** **・福岡市交通局、七隈線（橋本～天神南間）開業（2/3）** ・JR東日本・JR西日本・JR九州、寝台特急「あさかぜ」「さくら」「彗星」、この日限りで廃止（2/28） ・JR東日本、駅ナカ商業施設「ecute大宮」オープン（3/5） **・愛知高速交通、常電導吸引型磁気浮上式鉄道、東部丘陵線「リニモ」開業（3/6）** **・小田急電鉄、50000形VSE特急「スーパーはこね」運転開始（3/19）** *・日本国際博覧会（愛知万博）「愛・地球博」開催（3/25～）* **・首都圏新都市鉄道、つくばエクスプレス（秋葉原～つくば間）開業（8/24）**
平成18年 （2006年）	*・日本郵政株式会社発足（1/23）* **・東武鉄道、JR東日本と相互直通運転開始、100系特急「スペーシアきぬがわ」運転開始（3/18）** ・JR東日本、東武鉄道と相互直通運転開始、485系「日光」「きぬがわ」運転開始（3/18） **・ゆりかもめ、新橋～豊洲間の全線開業（3/27）** **・富山ライトレール、富山駅北～岩瀬浜間開業、日本初の本格的LRT路線（4/29）** ・JR貨物、トヨタ自動車部品輸送専用列車運転開始（11/15） **・大阪市交通局、今里筋線（井高野～今里間）開業（12/24）** ・JR東日本、E233系、中央線で運転開始（12/26）

年号	できごと（カッコ内は月日）
平成28年 （2016年）	・JR東日本、寝台特急「カシオペア」、この日限りで定期運行終了（下り＝3/19、上り＝3/20） ・JR北海道、北海道新幹線新青森～新函館北斗間開業、H5系「はやぶさ」運転開始（3/26） ・*熊本地震、九州地方の鉄道網に甚大な被害（4/16本震）* ・JR西日本、「京都鉄道博物館」オープン（4/29） ・*プロ野球広島東洋カープ、25年ぶりにリーグ優勝（9/10）* ・JR九州、BEC819系、筑豊本線（若松線）で運転開始（10/19）
平成29年 （2017年）	・JR東日本、EV-E801系、男鹿線で運転開始（3/4） ・**西武鉄道、座席指定制列車「S-TRAIN」運転開始（3/25）** ・JR四国、土讃線特急「四国まんなか千年ものがたり」運転開始（4/1） ・**東武鉄道、500系特急「リバティけごん」「リバティきぬ」「リバティ会津」ほか運転開始（4/21）** ・JR東日本、E001形「TRAIN SUITE四季島」運転開始（5/1） ・JR西日本、87系「TWILIGHT EXPRESS瑞風」運転開始（6/17） ・**東武鉄道、C11形207号機牽引のSL列車「大樹」運転開始（8/10）** ・JR四国、2600系、高徳線の臨時列車で営業運転開始（8/11） ・**京阪電気鉄道、座席指定制車両「プレミアムカー」運転開始（8/20）** ・JR西日本、「SLやまぐち号」の牽引機にD51形200号機が登場（11/25） ・JR東日本、E353系「スーパーあずさ」運転開始（12/23）
平成30年 （2018年）	・**京王電鉄、座席指定制列車「京王ライナー」運転開始（2/22）** ・**小田急電鉄、小田原線代々木上原～登戸間複々線化完成（3/3）** ・**小田急電鉄、70000形GSE特急「はこね」運転開始（3/17）** ・JR東海、N700S確認試験車による走行試験開始（3/20） ・JR西日本、三江線、この日限りで廃止（3/31） ・**大阪市高速電気軌道、大阪市交通局から事業譲受（4/1）** ・JR東日本、新潟駅同一ホームでの新幹線・在来線列車乗り換え開始（4/15） ・*プロテニスの大坂なおみ、全米オープン優勝（9/8）* ・**東京急行電鉄、座席指定制車両「QSEAT」運転開始（12/14）**
平成31年 （2019年）	・**東京地下鉄、2000系、丸ノ内線で運転開始（2/23）** ・JR西日本、おおさか東線放出～新大阪間延伸開業（3/16） ・**西武鉄道、001系ラビュー特急「ちちぶ」「むさし」で運転開始（3/16）** ・**三陸鉄道、不通となっていたJR山田線（宮古～釜石間）、三陸鉄道リアス線として営業運転開始（3/24）** ・JR北海道、石勝線（夕張支線）新夕張～夕張間、この日限りで廃止（3/31）

年号	できごと（カッコ内は月日）
平成24年 (2012年)	・JR東日本・JR西日本、寝台特急「日本海」、この日限りで定期運行終了（3/15） ・JR東海・JR西日本、この日限りで東海道・山陽新幹線から300系新幹線電車引退（3/16） ・JR西日本、この日限りで山陽新幹線から100系新幹線電車引退（3/16） ・JR東日本、E657系特急「スーパーひたち」「フレッシュひたち」運転開始（3/17） ・**東武鉄道、伊勢崎線「業平橋」駅を「とうきょうスカイツリー」駅に改称（3/17）** ・*「東京スカイツリータウン」オープン（5/22）* ・JR東日本、E1系新幹線電車、この日限りで定期運行終了（9/28） ・**京浜急行電鉄、空港線京急蒲田～大鳥居間の高架化完成（10/21）**
平成25年 (2013年)	・JR東海、N700A「のぞみ」運転開始（2/8） ・JR東日本、200系新幹線電車、この日限りで上越新幹線での定期運転終了（3/15） ・JR東日本、E5系「はやぶさ」最高速度320km/hに（3/16） ・JR東日本、E6系「スーパーこまち」運転開始（3/16） ・JR東日本、浦和駅高架化工事完成（3/16） ・**東京急行電鉄、渋谷～代官山間地下化完成、東京メトロ副都心線と相互直通運転開始（3/16）** ・**近畿日本鉄道、50000系特急「しまかぜ」運転開始（3/21）** ・*NHK連続テレビ小説「あまちゃん」放送開始（4/1）* ・JR東海、山梨リニア実験線、L0系走行試験開始（8/29） ・JR東日本、「マーチエキュート神田万世橋」オープン（9/14） ・JR九州、77系「ななつ星in九州」運転開始（10/15）
平成26年 (2014年)	・JR東日本、E7系「あさま」運転開始（3/15） ・JR東日本、EV-E301系、烏山線で運転開始（3/15） ・*消費税率8％に引き上げ（4/1）* ・JR東日本、C58形239号機牽引の「SL銀河」運転開始（4/12） ・JR四国、8600系特急「いしづち」運転開始（6/23） ・JR東日本、山形新幹線「とれいゆつばさ」運転開始（7/19） ・JR四国、観光列車「伊予灘ものがたり」運転開始（7/26）
平成27年 (2015年)	・JR北海道・JR西日本、寝台特急「トワイライトエクスプレス」、この日限りで定期運行終了（3/12） ・JR北海道・JR東日本、寝台特急「北斗星」、この日限りで定期運行終了（3/13） ・JR東日本、上野東京ライン運転開始（3/14） ・JR東日本・西日本、北陸新幹線長野～金沢間延伸開業、W7系「かがやき」「はくたか」「つるぎ」運転開始（3/14） ・JR東海、東海道新幹線の最高速度を285km/hに向上（3/14） ・JR東海、山梨リニア実験線L0系、有人で603km/hを記録（4/21） ・JR東日本、仙石東北ライン開通、HB=E210系運転開始（5/30） ・JR九州、観光列車「或る列車」運転開始（8/8） ・JR西日本、七尾線特急「花嫁のれん」運転開始（10/3） ・JR東日本、E235系、山手線で運転開始（11/30） ・**仙台市交通局、東西線（八木山動物公園～荒井間）開業（12/6）** ・**札幌市交通局、西4丁目～すすきの間開通、環状運転開始（12/20）**

おわりに

「平成」という時代のなかで大きく変化してきた鉄道。改めて30年余を振り返ってみると、実にさまざまな出来事があった。その節目の瞬間に立ち会えたものもある。

例えば、平成元（１９８９）年7月21日から運転を開始した「トワイライトエクスプレス」。当初は団体専用として時刻表に掲載されない幻の列車とも言われたが、運良くその一番列車に乗ることができた。客車列車ゆえ、足の速い電車特急やディーゼル特急には幾度となく抜かれた。しかし、乗客たちはそんなダイヤ設定に文句は言わず、日本一となる長距離列車の旅を楽しんだ。ここに今日の〝クルーズトレイン〟への夢が読み取れた。

平成４（１９９２）年3月14日からは東海道新幹線で３００系「のぞみ」の運転が始まった。初日、手にしたのは上り一番列車となる「のぞみ３０２号」の指定券だった。東海道を時速２７０キロで駆け抜ける凄さを実感しながら、車内にノートパソコンを持ち込み、簡単なレポートを送稿した。それは車内電話に音響カプラを取り付けパソコン通信につなぐものだった。今では化石のような技術だが、当時はそれすらも一般的ではなかった。車掌に不審がられ、その説明に苦慮した覚えがある。今では公衆無線ＬＡＮとして無料Ｗ i-Fiサービスまで行なわれているのだから、隔世の感以上の思いがある。

そして整備新幹線も着工され、次々と開業していった。もはや新幹線を拡張する時代ではないと言われつつも、新線の開通には胸が躍った。そのいっぽう、並行在来線問題も深く考えさせられることになる。

個人的な思いからすれば、東日本大震災を忘れることができない。平成23（2011）年3月11日、人々の営みが一瞬にして崩壊した。復興に向けて気持ちを振るい立たせようとしても、今なお心の傷は隠せない。

あれから8年という月日が流れ、以来不通となっていたJR山田線の宮古～釜石間が今日復旧した。そしてこの日から三陸鉄道リアス線として新たな歩みを始めることになった。沿線を歩き、復興などと軽々しく言えない状況であることにも触れてはいるが、この鉄道復旧が人々の希望につながることを信じてやまない。

平成の30年間、新たな誕生もあれば、別れもあった。そして、その多くは日々のなかに日常として定着していった。時の流れの中に埋もれてしまうわけだが、この日常の支えこそが公共交通機関としての「鉄道」の使命でもある。


平成31（2019）年3月23日　釜石にて　松本典久

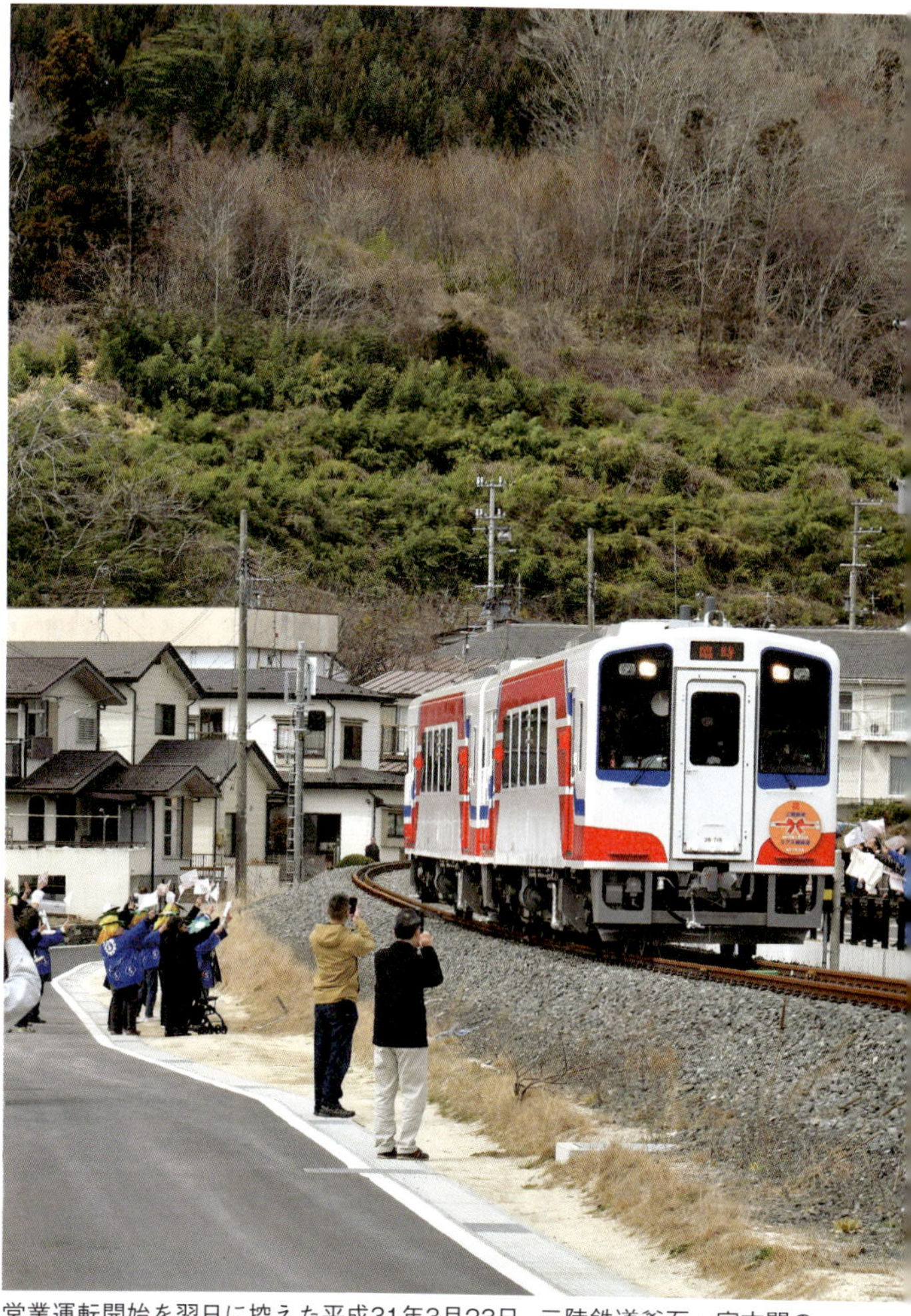

営業運転開始を翌日に控えた平成31年3月23日、三陸鉄道釜石～宮古間の開業を祝う出発式が行なわれ、記念列車などが運転された

松本典久（まつもとのりひさ）
1955年東京生まれ。出版社勤務を経てフリーランスの鉄道ジャーナリストに。『鉄道ファン』や『旅と鉄道』などへの寄稿、鉄道関連の書籍、ムックの執筆や編著などを行なう。近著に『昭和の終着駅』シリーズ、『君も！鉄道マイスター 首都圏』（以上、共著・交通新聞社）、『時刻表が刻んだあの瞬間― JR30年の軌跡』（JTBパブリッシング）、『東京の鉄道名所さんぽ100』（成美堂出版）、『Nゲージ鉄道模型レイアウトの教科書』（大泉書店）など。

交通新聞社新書132
どう変わったか？ 平成の鉄道
記録写真が語る30年の軌跡
（定価はカバーに表示してあります）

2019年4月15日　第1刷発行

著　者――松本典久
発行人――横山裕司
発行所――株式会社　交通新聞社
https://www.kotsu.co.jp/
〒101-0062　東京都千代田区神田駿河台2-3-11
NBF御茶ノ水ビル
電話　東京（03）6831-6551（編集部）
東京（03）6831-6622（販売部）

印刷・製本―大日本印刷株式会社

ISBN978-4-330-96219-1